国学经典释读 ❖ 李学勤 主编

译解
墨子

叶玉麟 选释

生活·讀書·新知 三联书店

Copyright © 2019 by SDX Joint Publishing Company.
All Rights Reserved.
本作品版权由生活·读书·新知三联书店所有。
未经许可,不得翻印。

图书在版编目(CIP)数据

译解墨子/叶玉麟选释.—北京:生活·读书·
新知三联书店,2019.12
(国学经典释读)
ISBN 978-7-108-06499-8

Ⅰ.①译… Ⅱ.①叶… Ⅲ.①墨家②《墨子》-译
文 Ⅳ.①B224.4

中国版本图书馆 CIP 数据核字(2019)第 040044 号

责任编辑 刁俊桠
封面设计 米 兰
责任印制 黄雪明

出版发行 生活·讀書·新知 三联书店
　　　　 (北京市东城区美术馆东街22号)
邮　　 编 100010
印　　 刷 常熟高专印刷有限公司
版　　 次 2019年12月第1版
　　　　 2019年12月第1次印刷
开　　 本 650毫米×900毫米 1/16 印张 23.25
字　　 数 213千字
定　　 价 59.00元

出版说明

这是一套写给普通读者的国学经典释读丛书。

"国学"之名,始自清末。当时欧美学术涌入中国,被称为"新学"或"西学",相应的,学界就将中国传统学问命名为"旧学"或"国学"。广义的"国学"包含范围广泛,从哲学、史学、宗教学到考据学、中医学、建筑学等等,本丛书之"国学经典"主要是指先秦诸子百家的著作。这些经典博大精深,是中国传统文化的精髓,是中华民族共同的血脉和灵魂,是连接中华儿女的血脉之桥、心灵之桥,吸引一代代中国人阅读、阐释、传承,至今熠熠生辉。

民国时期虽然新学昌盛,但对国学经典的研究和普及并未中断,甚至在20世纪30年代掀起出版国学经典的热潮,比如商务印书馆出版的"学生国学丛书"、世界书局的《四书读本》、广益书局的"白话译解经典"系列等等。

今天,出于继承和弘扬中国优秀传统文化的需要,我们精选了民国时热销的经典释读版本,并做适当的加工处理,以适应今日之读者。本丛书收录《广解论语》《广解大学·中庸》

译解墨子

《广解孟子》《译解荀子》《译解韩非子》《译解孙子兵法》《译解庄子》《译解战国策》《译解国语》《译解墨子》《译解道德经》《国学讲话》十二种。这些国学经典释读的编者兼具旧学与新学功底，语言通俗易懂，译解贴近现代。

这次重新出版，我们主要做了五项工作：

第一，为了读者阅读的方便，改竖排为横排，标点符号也随之改为现代横排的规范样式。

第二，变繁体字为简化字，在繁简转换的过程中，对有可能产生意义混淆的用字，做了合理的处理。

第三，采用今天所见较好的古籍版本对原书的选文进行了审校，订正了文句的错、讹、脱、衍。

第四，原书选篇保持不变。

第五，对原书的注释进行了修润，使注释更加准确、易懂。

我们期望，本丛书的出版能够为普通读者提供一个更亲近的读本，也希望以此为契机，对弘扬中国传统文化、普及国学知识起到积极的促进作用。

"国学经典释读"是李学勤先生生前主编的最后一套丛书，李先生在病榻上撰写了总序。今年2月，先生遽归道山。如今，此丛书顺利出版，是对先生的缅怀。

生活·读书·新知三联书店

总　序

　　大家了解,人类的许多认知和见解,有时可以在历史发展的某些时段得到重合或认同。20世纪三四十年代悄然掀起的国学教育运动,恰恰与现今对中国传统文化的重视与重拾极为相似,其因果大体也是经历由怀疑、批判、否定,到重视、回归并再造这样的过程。

　　20世纪前半叶,可谓中西文化大碰撞、大交融的时代,最为鲜明的是西方文化对于中国传统文化的巨大冲击。清末的"中体西用",尚有"存古学堂"保存国粹,使国学还占有一席之地,而到了民国初年,特别是"壬戌学制"的颁布,主要采用当时美国一些州已经实行了十多年的"六三三制",标志着中国近代以来的学制体系建设的基本完成,以美国为代表的西方教育在中国占据了相当大的地位。此后中国现代化教育每发生一次变化,西方的教育形式与内容就会有所进入,中国传统文化的教育也就有所丧失,中国传统文化的价值体系遭受着越来越多的质疑或否定。对此,一部分具有强烈忧患意识的教育家、文化名流忧心忡忡,并由担心逐渐转而采取行动挽救国学。但是,真正产生影响并引起国人震动的却是国际联盟教育考察团的到访。1931年,当时的南京国民政府鉴于欧美的教育对中国日益增大的影响,邀请以欧洲国家为主体的教育考察团来华考察。考察团用了一年多的时间,考察了中国教育的诸多重镇及学校,提交了《中国教育之改进》的报告书。报告书指出:"外国文明对于中国之现代化是必要的,但机械的模仿却是危险的。"该报告书主张中国的教育应构筑在中国固有的文化基础上,对外来文化,特别是美国文化的影响,进行了不客气的批评:"现代中国最显著的特征,即为一群人所造成的某种外国文化的特殊趋势,不论此趋势来自美国、法国、德国,或其他国家。影响最大的,要推美国。中国有许多青年知识分子,只晓得摹仿美国生活的外表,而不了解美国主义系产生于美国所特有的情状,与中国的迥不相同。""中国为一文化久长的国家。如一个国家而牺牲它历史上整个的文化,未有不蒙着重大的祸害。"报告书切中时弊的评估,使中国知识界与教育界在极大的震动中警醒并反思。随即具有强烈社会责任感的教育界、学术界人士,采取了行之有效的国学教育推行举措,掀起国学教育的声势和热潮,使国学教育得到落实,国学经典深入学校的课堂,进入学生使用的书本,并被整合进学生的知识结构中去。

关于20世纪三四十年代的国学教育的热潮,有两种情况值得关注:一是诸如梁启超、章太炎、陈寅恪、黄侃、刘师培、顾颉刚、钱穆、吕思勉等大家利用新的研究方法,潜心研究,整理国故,多有建树,推出了一大批国学研究成果,使国学的归结、分类、条理化、学科化的阐述达到了空前的清晰,对当时及后世影响深远;与此同时,教育界、学术界将国学通过渗透的办法,镶嵌入中小学的课程,设立了各个学级的国语必修课和必读书,许多大家列出书单,推介国学典籍的阅读。二是当时出版界向民众普及国学典籍,主要体现在对国学的通俗释读方面,以适应书面语言不断白话的情形。

  对于前者,1949年以后,特别是改革开放以来,重新出版了一些相关著作,但后者几乎被忽视或遗忘了,极少再度面世。其实后者在当时的普及和重版率相当高,影响更为深广。

  生活·读书·新知三联书店这次整理出版的正是后者。这不仅是因为在那之后均没有重现,重要的是这些通俗释读的书非常适合当今书面语言彻底白话了的读者需求,特别是当读古文和诠释古文已经成为专门家的事情的今天,即便有较高学历的非专业的读者读古文也为之困惑,这类通俗释读国学典籍的书的出版就显得更为迫切。这些书的编撰者文言文功底深厚,又受到白话文运动的洗礼,对文白对应的把握清晰准确。这些书将国学典籍原文中的应该加以注释说明的元素融入在白话释读之中,不再另行标注,使阅读连贯流畅,其效果与今天的白话阅读语境基本吻合,可见那时对于国学的通俗普及还是做了些实事的。

这的确是一些为我们有所忽视的好东西,以致可查到的底本十分稀缺,大多图书馆都没有藏品,坊间也难觅得。生活·读书·新知三联书店在千方百计中找到了选用的底本,使得旧时通行的用白话释读经典的读本得以再现。

值得一提的是,这是当时的出版人专门组织出版的一批面向一般民众的国学释读的读本,影响甚大,使得国学经典走入初等文化程度的群体。然而,这些产生过较大影响的读本之所以后来为人所遗忘,其原因可能是出版界推崇名家著述或看重对传统典籍的校勘和注疏。以王缁尘为例,虽然其人名不见经传,但他所编著的关于国学经典释读的一系列的图书,在当时却十分抢手,曾不断重印了十几版。这主要是当时的世界书局看中了他在清末就创办白话报的经历和对国学典籍把握的功力,使其栖身"粹芳阁",为世界书局专事著述国学通俗释读的书籍。列入本套丛书的《广解四书读本》(今将其分为《广解论语》《广解大学·中庸》《广解孟子》),曾被认为是当时国学出版的盛典,是当时通俗释读国学的代表。"国学经典释读"选择20世纪三四十年代的国学通俗的释读书籍,整理为简体横排进行出版,为当今读者学习国学经典提供了很好的阅读范本,是一件大有助益的好事。

还应该提及的是,出版此套书不仅是为方便读者理解经典,还在于让读者通过这样的阅读,了解当时人们对中华民族和中国意义的认同史。那时的国学教育和学习的热潮,几乎与抗日战争同行,而对中华民族的现代认识,正是在这期间形成的;国学的教育和普及,使国人了解并认同了中国的历史悠久和文化的博大精深,更将几千年来的人们对国家的意识,从以皇室朝廷为中心的概念中分离出来,完成了从"君国"到"国族"的转变。"中国"代表着中华民族全体,是各族人民联合御侮和实现伟大复兴的精神图腾。

李学勤

2018 年 12 月 10 日

目次

译解序 ·· 1

亲士 ·· 1
所染 ·· 7
法仪 ··· 12
七患 ··· 17
辞过 ··· 24
三辩 ··· 33
兼爱 上 ··· 36
兼爱 中 ··· 41
兼爱 下 ··· 50
非攻 上 ··· 70
非攻 中 ··· 74
非攻 下 ··· 83
节用 上 ··· 97

节用 中 …………………………………… 102

节葬 下 …………………………………… 107

天志 上 …………………………………… 128

天志 中 …………………………………… 138

天志 下 …………………………………… 154

明鬼 下 …………………………………… 170

非乐 上 …………………………………… 195

非命 上 …………………………………… 206

非命 中 …………………………………… 217

非命 下 …………………………………… 224

非儒 下 …………………………………… 235

耕柱 ……………………………………… 251

贵义 ……………………………………… 269

公孟 ……………………………………… 284

鲁问 ……………………………………… 306

公输 ……………………………………… 330

备城门 …………………………………… 336

译解序

昔韩非尸佼,并高墨子之学术,韩则谓为显学,与儒家相埒。尸子曰:"孔氏贵公,墨子贵兼。"庄周曰:"墨子真天下之好也,将求之不得也,虽枯槁不舍也,才士也夫!"墨子之生,其殆丁战国之初乎?观其感欷世难,怵变思危,几冀上赓虞夏之盛。虽间与儒家龃龉,然时亦宗尚《诗》《书》,言多可采。又旁通品汇,默运精思,盖天赋至高,才能偏胜,际天下沸乱,嫉恶伤悖,思欲秉独察之明,上跻乎郅治,而惜多悖谬乖迕,不合吾儒大中至正之道也!

夫墨子洵古怪特之魁也哉!其为书博辩周浃,务为恢诡奇谲,以餍人心。兼爱故尚同,尚同则非攻,非攻必求备御。兼士别士之说,兼君别君之目,皆与杨子相攻击。既本其偏执之性,穷究事物之情,深瞯夫是非利害,日夜相磨,机阱变贼,相代而横溢,于是就求其兼爱齐一之方,以为是可以熄天下之争夺,平物类之搏噬也,用心亦良苦矣哉!至谓婴儿子之知慕父母为大愚,此所谓无父也。禹汤之辩,至以鱼鸟比孔子,非圣无法,猖狂放恣矣。又谓"人以其言非吾言者,犹以卵投石",呜呼!何其自信之坚若是乎!

三代后,圣哲相承之统浸微,道术既为天下裂,杨墨老庄,遂交肆其词辩。其新奇可喜,往往迷眩庸俗,使观揽者沉瞑歧趋。以退之之贤,犹云孔墨必相为用,其他可无论焉已!汉晋以降,其学稍息,然其书奇辞奥旨,务和同以救晚季之沦胥,悖笃而详尽,要自有足存者。韩吕诸子,殆莫与匹俦也。

近世西欧哲化开天,争鸣创制,如奈端[1]、瓦特、马哥尼[2]之流,形声光气,嘘吸汽关使冬蕴暄室,夏却歊炎,翕热扱重转轮,薄九天,而缒九渊,鸟不及飞,鱼不及潜,訇霆掣电,响答八埏,算穷分秒,使人腐心悸魄惊怛,为鬼神之推趫者,考墨氏之书,多与吻合。至其尊天事鬼,则有似乎释迦;博爱尚同,薄葬尚俭,有似乎基督天主,若穆罕默特,伊斯兰;其备梯备突备穴,又似今机栝战争也。番禺陈氏,引邹特夫之言曰:"墨子《经》及《经说》有中西算法。如《经上》云:'平,同高也。'即两表齐高。'直,参也。'即后表与前表相直。'卢,间虚也。'《说》云:'卢,虚也者,两木之间,谓其无木者也。'又云:'端,体之无序而最前者也。'《说》云:'端,是无同也。'此即西算所谓点也。'体之无序',所谓线也。其他符合者至缜密,未可悉数焉。《经下》云:'临鉴而立,景到。'即洼镜也。《经说下》云:

---

[1] 编者按:今多译作牛顿。
[2] 编者按:今多译作马可尼。

'足敝下光,故成景于上;首敝上光,故成景于下。'此解洼镜照人景倒也。又云:'鉴者近中则所鉴大,景亦大;远中则所鉴者小,景亦小。'此所谓突镜也。"今西人制镜,不能外是二者,而墨子已前知之矣。

造物清明之气,与江川翕合蕴酿,不能不勃发于人。故得其气之敦庞者为圣人;其稍薄者为贤哲,为英才;其间有驳杂偏欹,而极其颖异者,为诸子。百家众流,莫不各奋其天能,呈其秀异,以争鸣于当时,而传于后世。若墨子者,惜其不见正于圣人,矫其偏宕拂迕以轨于正也,是书旧有孟胜、乐台注,世未之见;《汉书·艺文志》,《董子》一篇,注云名无心难墨子,惜亦不传。清代镇洋毕氏、武进张氏,咸有解释,考证綦勤;而瑞安孙徵君之书,最为晚出,号为精确。然旧本残夺,字多古文,难于训释,学人苦之。魏安裕先生,思用朗畅之词,启学人耆古之趣,乃有是译解。窃恐古籍义理僻涩,蠹简伪脱,有非单辞俚谚,所能通者,是在读者取名家著述,参稽互证,以求其当焉可也!丙子十二月,桐城叶玉麟。

亲士

入国而不存其士,则亡国矣;见贤而不急,则缓其君矣。非贤无急,非士无与虑国。缓贤忘士,而能以其国存者,未曾有也。

到一个国内,若不慰问该国的士人,国就要亡了;看见贤人,若不赶紧去用,贤人就不肯出力去卫护国君了。除了贤人以外,无人可与之共缓急,除了士人以外,无人可与之共筹划国家的大事。忽略了贤人,忘怀了士人,而能保全他的国家,这是从来没有的事。

昔者文公出走而正天下,桓公去国而霸诸侯,越王勾践遇吴王之丑,而尚摄中国之贤君。三子之能达名成功于天下也,皆于其国抑而大丑也。太上无败,其次败而有以成,此之谓用民。

从前晋文公逃亡在外,后来反匡正天下;齐桓公离开了本国,后来反做诸侯的首领;越王勾践遭吴王俘虏之耻,后来他的威势反慑服了中国[1]的贤君。这三人能成就他们的功业,

---

[1] 编者按:应为"中原各国"之义。

扬名于天下，都是在国家受异国侵凌迫胁、国难严重的时候。最上等的国君不遭失败，次一等的国君虽也有失败的时候，但是于失败之余，能重新振作，达到最后的成功，其成功的原因，就是因为他们能亲近贤士，所以人民才肯供他们驱使，供他们应用。

吾闻之曰："非无安居也，我无安心也；非无足财也，我无足心也。"是故君子自难而易彼，众人自易而难彼。君子进不败其志，内不[1]究其情，虽杂庸民，终无怨心，彼有自信者也。

我听说过："并不是住所不安适，乃是因为我不肯安心住在那里；并不是财用不足够，乃是因为我不会有满足的心。"所以君子待自己极严格，待他人极宽厚；普通的人待自己极宽厚，待他人极苛刻。君子得意时，不会因骄侈而改变自己原来的大志，失意时也不会因沮丧而失去了进取的心情。虽不用他，使他杂处在普通人当中，他终没有怨恨之心，因为他有自信之心，是不会为环境所移动的。

---

［1］原注：旧脱此字，据上文增。

是故为其所难者,必得其所欲焉;未闻为其所欲,而免其所恶者也。是故逼臣伤君,谄下伤上。君必有弗弗之臣,上必有詻詻之下,分议者延延,而支苟者詻詻,焉可以长生保国。臣下重其爵位而不言,近臣则喑,远臣则唫,怨结于民心,谄谀在侧,善议障塞,则国危矣。桀纣不以其无天下之士邪?杀其身而丧天下。故曰:归国宝,不若献贤而进士。

克服自己的情感,违反自己的私意,这是很难做到的,但是若这样做去,那么一切所期望的好事都可以实现了;至于任意去行心中要做的事,这样若没有灾祸降临,那是我没有听过的事。所以大臣权重了,就会伤及国君,近侍行谄佞,必致损害主上。人君必须要有刚正的臣子,主上必须要有肯直谏的下人,一班议事的人都敢直抒自己的意见,而在下位的虽有时为上所欺压,也必定要自伸己意而后已,如此方可以令国家长生不死,永远地存在。臣下若都重视自己的爵禄职位,不敢发言谏争,近臣就像哑巴一样不开口,远臣也噤无声息,以致怨恨深结于人民的心中,国君的左右尽是一班谄谀无耻的人,臣下虽有好的建议,也都为奸臣所隔绝,人主不得而知,这样国家就危险了。桀、纣不就是因为没有天下的贤士辅佐,结果自己遭杀戮,将天下都丧失了吗?所以说:与其馈送一国以宝物,不如举荐贤人,推崇士人。

今有五锥,此其铦,铦者必先挫;有五刀,此其错,错者必先靡。是以甘井近竭,招木近伐,灵龟近灼,神蛇近暴。是故比干之殪,其抗也;孟贲之杀,其勇也;西施之沉,其美也;吴起之裂,其事也。故彼人者,寡不死其所长,故曰:太盛难守也。

现在假使此地有五根锥子,而这根是其中最尖锐的一根,那么这根尖锐的必定最先折断;假使此地有五把刀,而这把刀是其中最锋利的一把,那么这把锋利的必定最先缺坏。所以甜水井最容易被用干,高树木最容易被人砍劈,有灵的龟先被人用火灼炙卜卦,神异的蛇先被人捉去曝晒求雨。所以比干之死,是因为他抗直;孟贲被杀,是因为他有勇力;西施遭溺毙,是因为她长得美丽;吴起被分尸而死,是因为他有功劳。这一班人没有一个不是死于他们所长的地方,所以说:太盛了就难以保守了。

故虽有贤君,不爱无功之臣;虽有慈父,不爱无益之子。是故不胜其任而处其位,非此位之人也;不胜其爵而处其禄,非此禄之主也。良弓难张,然可以及高入深;良马难乘,然可以任重致远;良才难令,然可以致君见尊。是故江河不恶小谷之满己也,故能大。圣人者,事无辞也,物无违也,故能为天下器。是故江河之水,非一源之水也;千镒之裘,非一狐之白也。夫恶有同方取,不取同而已者乎?盖非兼王之道也。

虽有贤圣的国君,不爱无功的臣子;虽有仁慈的父亲,不爱无益的儿子。所以若才力担不起一个官职所应负的职责,而去勉强保持该位置,这个位置就不是他所应处的;若才力不配受某种爵位所当得的俸禄,而去享受它,此项俸禄就不是他所应得的。好弓难张,然而它可以将箭射得高,放得远;好马难骑,然而它可以拖极重的东西,行极远的路程;好人才难以使用,然而他可以令国君的地位增高。江河不嫌小泉水灌注到它们里面,所以能够令它们的水量增大。圣人对于一切事情都不辞勤劳地去做,对于一切的正理都不加违反,所以能够成为天下的重器。江河里的水不是出自一个源流,千镒[1]贵

---

[1] 原注:二十四两黄金为"镒"。编者按:一说二十两。

的狐皮不是一只狐狸腋下的白皮所集成。岂有圣人不取与自己道术相同的人，而取与自己私意相同的人呢？这实在不是统一天下之道呀。

是故天地不昭昭[1]，大水不潦潦，大火不燎燎，大德不尧尧者，乃千人之长也。其直如矢，其平如砥，不足以覆万物。是故溪陕者速涸，逝浅者速竭，垲垆者其地不育。王者淳泽不出宫中，则不能流国矣。

大水并不像小水那样澄清见底，大火并不像小火那样闪烁放光，王者的德行并不是高远不可即，这样才是千万人的首领。要像箭一般直，像磨刀石一般平，就不能够覆盖万物。所以山溪狭隘的就干得快，河流浅的就枯得早，土地为乱石所铺成的，就不生长五谷。王者的恩泽要深厚无穷方好，若所施的范围不能出宫中，那更不能遍及全国了。

---

[1] 编者按：此句缺译解，联系上下文似可补"所以说天地并不（像太阳）那样明亮"。

所染

　　子墨子言见染丝者而叹曰：染于苍则苍，染于黄则黄。所入者变，其色亦变。五入必而已则为五色矣，故染不可不慎也！

　　墨子看见染丝的，叹息道：为青色所染，就变成青的颜色，为黄色所染，就变成黄的颜色。放进不同的染料里去，结果丝的颜色也不同了。经过五次染色，颜色也就变换了五次，所以染色真不可以不慎重啊！

　　非独染丝然也，国亦有染。舜染于许由、伯阳，禹染于皋陶、伯益，汤染于伊尹、仲虺，武王染于太公、周公。此四王者，所染当，故王天下，立为天子，功名蔽天地。举天下之仁义显人，必称此四王者。

　　非但染丝如此，治国也是如此。舜为许由、伯阳所染[1]，

---

[1] 原注："染"字此处比喻熏染，就是受某种感化的影响，以致性情有相当的改变。

禹为皋陶、伯益所染，汤为伊尹、仲虺所染，武王为姜太公、周公所染。这四位君王因为所染得当，所以能够统一天下，立为天子，功名四布于天地之间。凡是举天下有仁义有名声的，必定要称这四人。

夏桀染于干辛、推哆，殷纣染于崇侯、恶来，厉王染于厉公长父、荣夷终[1]，幽王染于傅公夷、蔡公榖[2]。此四王者，所染不当，故国残身死，为天下僇。举天下不义辱人，必称此四王者。

夏桀为干辛、推哆所染，殷纣为崇侯、恶来所染，厉王为厉公长父、荣夷公所染，幽王为傅公夷、蔡公榖所染。这四位君王因为所染不得当，所以国亡身死，贻羞天下。凡是举天下不义气可耻的，必定要称这四人。

齐桓染于管仲、鲍叔，晋文染于舅犯、高偃，楚庄染于孙叔、沈尹，吴阖闾染于伍员、文义，越勾践染于范蠡、大夫种。此五君者所染当，故霸

---

［1］原注：一本作"公"。
［2］原注：《吕氏春秋》作"虢公鼓""祭公敦"。

诸侯,功名传于后世。

齐桓公为管仲、鲍叔所染,晋文公为舅犯、高偃所染,楚庄王为孙叔、沈尹所染,吴王阖闾为伍员、文之仪所染,越王勾践为范蠡、大夫种所染。这五位国君因为所染得当,所以在诸侯中能够成就霸业,名声传于后世。

范吉射染于长柳朔、王胜,中行寅染于籍秦、高强,吴夫差染于王孙雄[1]、太宰嚭,知伯摇染于智国、张武,中山尚染于魏义、偃长,宋康染于唐鞅、佃不礼。此六君者,所染不当,故国家残亡,身为刑戮,宗庙破灭,绝无后类,君臣离散,民人流亡,举天下之贪暴苛扰者,必称此六君也。

范吉射为张柳朔、王胜所染,中行寅为籍秦、高强所染,吴王夫差为王孙雄、太宰嚭所染,知伯摇为智伯国和张武所染,中山君尚为魏义、偃长所染,宋康王为唐鞅、佃不礼所染。这六位国君因为所染不得当,所以国破家亡,身受刑戮,宗庙毁灭,子孙断绝,君臣分散,百姓逃亡。凡是举天下的贪暴苛刻

---

[1] 原注:旧误作"雒"。

的,必定称这六个人。

凡君之所以安者何也?以其行理也,行理生于染当。故善为君者,劳于论人,而佚于治官。不能为君者,伤形费神,愁心劳意,然国逾危,身逾辱。此六君者,非不重其国、爱其身也,以不知要故也。不知要者,所染不当也。

大凡人君之所以能够安定,是什么缘故呢?这无非因为他们行事合理,而行事之所以能合理,全由于平日熏染得当。所以善于为国君的,选用人时甚费力,使用人时反而甚闲逸;不会做国君的,劳神费力,苦用心思,然而国家反而更危险,自己反而更受屈辱。以上所讲的这六个国君,并非不重视他们的国家,不爱护他们的身体,但是他们不知道何事最切要。不知道何事最切要,就是说所从熏染的不得其人。

非独国有染也,士亦有染。其友皆好仁义,淳谨畏令,则家日益,身日安,名日荣,处官得其理矣,则段干木、禽子、傅说之徒是也。其友皆好矜奋,创作比周,则家日损,身日危,名日辱,处官失其理矣,则子西、易牙、竖刁之徒是也。《诗》曰

"必择所堪,必谨所堪"者,此之谓也。

  非但国君受染的影响,士人也受染的影响。一个人的朋友若都好仁义,都淳谨守法,此人经其熏染,家道必定日益兴盛,身体日益安定,名声日益荣显,处理官职也合理了,譬如段干木、禽滑厘、傅说这班人,都属于这一类的。一个人所交的朋友若都不喜安分自守,结合党羽,妄生事端,此人经其熏染,家道必定日益衰落,身体日益危险,名声日益降低,处理职事也必紊乱无度了,譬如子西、易牙、竖刁这班人,都是属于这一类的。《诗经》上曾说"染渍东西时,必须拣选你的染料;染渍东西时,你尤须谨慎",正是这个意思啊。

法仪

子墨子曰：天下从事者，不可以无法仪。无法仪，而其事能成者无有。虽至士之为将相者皆有法，虽至百工从事者亦皆有法。百工为方以矩，为圆以规，直以绳，正以县。无巧工不巧工，皆以此五者为法。巧者能中之，不巧者虽不能中，放依以从事，犹逾己。故百工从事，皆有法所度。今大者治天下，其次治大国，而无法所度，此不若百工辩也。

墨子说：天下无论做什么事的，都不可以没有法则。没有法则可守，而事情能够成功，那是不可能的。虽是士人将相，都有一定的法则，虽是做工匠的，也都有法则遵守。工人画方形时须用矩，画圆形时须用规，画直线时须用绳墨，量偏正时须用悬锤。不论是机巧的工人或是拙笨的工人，都以此四者为法则。机巧的能够适合法度，拙笨的虽然不能适合法则，但是依着法则模仿，仍较自己随意做的要好。所以百工制造物件时，都遵守法则。现在大者如治天下，其次如治大国，反都没有法则，这不是反不及工匠聪明吗？

然则奚以为治法而可？当皆法其父母奚若？天下之为父母者众，而仁者寡，若皆法其父母，此法不仁也。法不仁，不可以为法。当皆法其学奚若？天下之为学者众，而仁者寡，若皆法其学，此法不仁也。法不仁，不可以为法。当皆法其君奚若？天下之为君者众，而仁者寡，若皆法其君，此法不仁也；法不仁，不可以为法。故父母、学、君三者，莫可以为治法。

那么应当用什么来做治国的法则呢？以父母为法则何如？天下为父母的甚多，然而仁爱的却甚少，倘若都以自己的父母为法则，这乃是效法不仁，岂可以为治国的法度呢？以师长为法则何如？天下做师长的甚多，然而仁爱的却极少，倘若都以自己的师长为法则，这乃是效法不仁，这岂可以为治国的法度呢？都以自己的国君为法则何如？天下为国君的甚多，然而仁爱的却极少，倘若都以自己的国君为法则，这乃是效法不仁，这岂可以为治国的法度呢？父母、师长和国君都不可以为治国的法度。

然则奚以为治法而可？故曰：莫若法天。天

之行广而无私，其施厚而不德，其明久而不衰，故圣王法之。既以天为法，动作有为，必度于天。天之所欲则为之，天所不欲则止。

那么什么可以用来做治国的法度呢？所以说：最好以天为法则。天的行事广大无私，它的施惠深厚无穷，它的光明永久不衰，所以圣王以之为法度。既然以天为法则，动作行事自必视天而定。天所欲为的就去做，天所不欲为的就不做。

然而天何欲何恶者也？天必欲人之相爱相利，而不欲人之相恶相贼也。奚以知天之欲人之相爱相利，而不欲人之相恶相贼也？以其兼而爱之，兼而利之也。奚以知天兼而爱之，兼而利之也？以其兼而有之，兼而食之也。

然而天所欲为的是什么事呢？天所憎恶的又是些什么事呢？天欲人类互相亲爱，互施利益，而不欲人类互相仇视，互相贼害。何以知道天欲人类互相亲爱，互相利益，而不欲人类互相仇视，互相贼害呢？因为天兼爱人类，兼利人类。何以知道天兼爱人类，兼利人类呢？因为人类全属于天，天供给他们衣食，使他们长成。

今天下无大小国,皆天之邑也,人无幼长贵贱,皆天之臣也。此以莫不犓羊,豢犬猪,絜为酒醴粢盛,以敬事天。此不为兼而有之,兼而食之邪?天苟兼而有食之,夫奚说以不欲人之相爱相利也?故曰:"爱人利人者,天必福之;恶人贼人者,天必祸之。"曰:"杀不辜者,得不祥焉。"夫奚说人为其相杀而天与祸乎?是以天欲人相爱相利,而不欲人相恶相贼也。

现在天下无论大国小国,都是天的国家,人无论长幼贵贱,都是天的臣民。所以人莫不养牛羊,喂猪犬,酿酒制稻饼,以诚敬事天。这不是证明天兼有人类,视他们一律平等,供他们衣食,使他们得以长成吗?天既然兼有人类,一律供他们衣食,为何说天不欲人类互相亲爱,互施利益呢?所以说:"爱护他人、有利他人的,天必定保佑他;仇视他人、贼害他人的,天必定使他受灾祸。"又说:"杀无罪的,必有祸殃。"人类若互相杀害,天是要降灾祸给他们的。于此可见,天欲人类互相爱护,互施利益,而不欲人类互相仇视,互相贼害。

昔之圣王禹汤文武,兼爱天下之百姓,率以

尊天事鬼，其利人多，故天福之，使立为天子，天下诸侯皆宾事之。暴王桀纣幽厉，兼恶天下之百姓，率以诟天侮鬼，其贼人多，故天祸之，使遂失其国家，身死为僇于天下，后世子孙毁之，至今不息。故为不善以得祸者，桀纣幽厉是也；爱人利人以得福者，禹汤文武是也。爱人利人以得福者有矣，恶人贼人以得祸者亦有矣。

  从前的圣王如夏禹、商汤、周文王、周武王，兼爱天下的百姓，率领他们尊敬上天，祭祀鬼神，他们对于人类的利益贡献殊多，所以天降他们福泽，使他们被立为天子，天下的诸侯都服事他们。暴厉的君王如夏桀、殷纣、周幽王、周厉王，兼恶天下的百姓，率领他们咒骂上天，侮慢鬼神，他们害人太甚，所以天降他们凶祸，使他们的国家失守，身死名裂，受天下人的刑戮，后世的子孙都毁誉他们，直至现在，尚是如此。所以做坏事结果得到凶祸的，夏桀、殷纣、周幽王、周厉王是也；兼爱人民，施与人民利益，因此得到福泽的，夏禹、商汤、周文王、周武王是也。兼爱人、施人利益以得到福泽的，是有的，仇视人、贼害人以获得凶祸的，也是有的啊。

七患

子墨子曰：国有七患。七患者何？城郭沟池不可守，而治宫室，一患也；边国至境，四邻莫救，二患也；先尽民力无用之功，赏赐无能之人，民力尽于无用，财宝虚于待客，三患也；仕者待禄，游者忧反，君修法讨臣，臣慑而不敢拂，四患也；君自以为圣智，而不问事，自以为安强，而无守备，四邻谋之不知戒，五患也；所信不忠，所忠不信，六患也；畜种菽粟不足以食之，大臣不足以事之，赏赐不能喜，诛罚不能威，七患也。以七患居国，必无社稷；以七患守城，敌至国倾。七患之所当，国必有殃。

墨子说：国家的祸患有七。哪七个祸患呢？城池壕沟以及外城都不预备防守，而去修治宫室，这是第一个祸患；敌兵临境，四面的邻国都不肯来援救，这是第二个祸患；先耗费民力，去做无用的事，赏赐没有才能的人，民力都因做无用的事而耗费，财宝都因款待宾客用空了，这是第三个祸患；为官的只顾自己的俸禄，游学的但顾结交朋友，国君倚法诛戮人臣，人臣都畏惧不敢违逆，这是第四个祸患；人君自以为聪明神圣，却不去问事，自以为国家巩固强盛，却不为防守之备，四面的邻国在图谋他，而他尚不知戒备，这是第五个祸患；所信任的人并不忠实，尽忠的人反不被信任，这是第六个祸患；家畜和米粮不够吃，大臣不胜任使，国君行赏赐不能使人喜欢，行诛罚不能使人畏惧，这是第七个祸患。治国若有这七个祸患，必亡社稷；守城时若有这七个祸患，敌人一至，国家立即倾覆。七患所在的地方，该国必有祸殃。

凡五谷者，民之所仰也，君之所以为养也。故民无仰，则君无养。民无食，则不可事。故食不可不务也，地不可不立也，用不可不节也。五谷尽收，则五味尽御于主，不尽收则不尽御[1]。

五谷（米、麻、粟、麦、豆）是人民所仰给以生存的，也是人君用来养人民的。所以人民若失去他们的仰望，国君也无物可以供养他的人民。人民若没有食粮，就不可以供役使，所以食粮不可以不尽力生产，土地不可以不尽力耕种，用度不可以

---

[1] 编者按：此句缺译解，联系上下文似可补"若未丰收，人主则不能兼食"。

不尽力节省。五谷若都丰收,人主进食时则兼食五味。

一谷不收谓之馑,二谷不收谓之旱,三谷不收谓之凶,四谷不收谓之馈,五谷不收谓之饥。岁馑,则仕者大夫以下,皆损禄五分之一,旱则损五分之二,凶则损五分之三,馈则损五分之四,饥则尽无禄,禀食而已矣。

有一样谷子没有收成,这叫作馑;两样谷子没有收成叫作旱;三样谷子没有收成叫作凶;四样谷子没有收成叫作馈;五谷一齐没有收成叫作饥。岁馑时,做官的自大夫以下都减去俸禄五分之一;岁旱时都减去俸禄五分之二;岁凶时都减去俸禄五分之三;岁匮时都减去俸禄五分之四;岁饥时俸禄一齐暂免,唯领赐谷而已。

故凶饥存乎国,人君彻鼎食五分之五,大夫彻县,士不入学,君朝之衣不革制,诸侯之客,四邻之使,雍食而不盛,彻骖𬴊,涂不芸,马不食粟,婢妾不衣帛,此告不足之至也。

所以国家岁饥时,人君撤去鼎食五分之三,大夫撤去左右悬挂的乐器,士人停止入学,人君的朝服不改制,诸侯的客人、邻国的使者,来时一切接待的礼节都不事铺张,驾车的三匹马中,将两边的马都给撤去,道路都不加修整,马不吃豆料,婢妾都不穿丝织品,凶年食粮不足,是这样极力节省。

今有负其子而汲者,队其子于井中,其母必从而道之。今岁凶民饥,道饿重其子,此疚于队,其可无察邪?故时年岁善,则民仁且良;时年岁凶,则民吝且恶。夫民何常此之有?为者疾,食者众,则岁无丰。故曰:"财不足则反之时,食不足则反之用。"故先民以时生财,固本而用财,则财足。

现在假若有一人背着孩子在井边汲水,把孩子掉下井去,那么母亲必定要设法将他从井中救出来。现在凶年人民饥饿无食,其患较孩子跌落井中尤为严重,难道可以忽视吗?年成好时,人民就仁慈驯良;凶年饥馑时,人民就吝啬凶恶。人民的性情哪有一定呢?生产得多而消费得少,就没有凶年了;生产得少而消费得多,就没有丰年了。所以说:"财用不足时反求诸天时,食粮不足时反求诸费用。"所以古代的贤君必固本而用财,财用自然足了。

故虽上世之圣王,岂能使五谷常收,而旱水不至哉?然而无冻饿之民者,何也?其力时急而自养俭也。故《夏书》曰"禹七年水",《殷书》曰"汤五年旱",此其离凶饿甚矣,然而民不冻饿者,何也?其生财密,其用之节也。

虽是上世的圣王,岂能使五谷永远丰收,水旱之灾不降临呢?然而从来未有冻饿之民,这是何故呢?因为他们致力于生产,而用以供养自己的却非常俭约。《夏书》上说"禹时有七年的水患",《殷书》上说"汤时有五年的旱灾",这所遭的凶年是何等严重,然而人民并没有冻饿之患,这是什么缘故呢?因为他们平时致力于生产,财用有余,而用时又极节省。

故仓无备粟,不可以待凶饥;库无备兵,虽有义,不能征无义;城郭不备全,不可以自守;心无备虑,不可以应卒。是若庆忌无去之心,不能轻出。夫桀无待汤之备故放,纣无待武之备故杀。桀纣贵为天子,富有天下,然而皆灭亡于百里之君者,何也?有富贵而不为备也。故备者,国之重也。食者,国之宝也;兵者,国之爪也;城者,所以自守也。此三者,国之具也。

　　所以仓廪中若没有预备充分的粟米,就不可以应付凶年饥馑;府库中若不曾预备充分的兵器,虽然合乎义,仍不能去征讨无义的邻国;城郭若不完备,自家不能防守;心思若不设想周到,就不能应付仓卒之事。譬如虽有庆忌之勇,无所恐惧,然而仍不可以轻出,轻出仍遭要离刺杀。桀对汤没有防备,所以被汤放逐,纣对武王没有防备,所以被武王杀死。桀和纣贵为天子,富有天下,然而都为百里之地的国君所灭,这是什么缘故呢?因为他们虽然富贵,却不晓得防备别人啊。所以防备实在是国家最重要的事。食粮乃是国家的宝贝;兵器乃是国家的爪牙;城郭乃是用来守卫的。这三者,乃是维持国家的工具。

　　故曰:以其极赏,以赐无功,虚其府库,以备车马衣裘奇怪,苦其役徒,以治宫室观乐,死又厚为棺椁,多为衣裘,生时治台榭,死又修坟墓,故民苦于外,府库单于内,上不厌其乐,下不堪其苦。故国离寇敌则伤,民见凶饥则亡,此皆备不具之罪也。且夫食者,圣人之所宝也。故《周书》

曰:"国无三年之食者,国非其国也;家无三年之食者,子非其子也。"此之谓国备。

  所以说:以最高的赏赐去赐给没有功的人,将府库内的贮藏都用空,去添置车马、衣服、珍奇、玩好,役使人民,劳苦不休,去建筑宫室楼阁,死后又要厚葬,厚为棺椁,多制衣服,生时造台榭,死后又要修坟墓,所以外面人民困苦,内里府库空虚,然而主上仍寻乐不知餍足,下民已不堪其困苦。所以国家一遇有敌人入寇就破灭,人民一遭凶年饥馑就流亡分散,这都是平时防备不完全的罪过啊。并且食粮是圣人所宝贵的。所以《周书》上曾说:"一个国内若没有三年的食粮,这个国就不是这国人所有的了;一个家内倘若没有三年的食粮,这家的孩子就不是这家所有的了。"这正是说一个国家平时应有充分的预备,以待不时之需。

辞过

子墨子曰：古之民未知为宫室时，就陵阜而居，穴而处下，润湿伤民，故圣王作为宫室。为宫室之法，曰高足以辟润湿，边足以圉风寒，上足以待雪霜雨露，宫墙之高足以别男女之礼，谨此则止。费财劳力，不加利者，不为也。役修其城郭，则民劳而不伤，以其常正，收其租税，则民费而不病。民所苦者非此也，苦于厚作敛于百姓。是故圣王作为宫室，便于生，不以为观乐也；作为衣服带履，便于身，不以为辟怪也。故节于身，诲于民，是以天下之民可得而治，财用可得而足。

墨子说：上古的人民不曾知道造宫室时，就山陵而居，住在土穴里面，地下潮湿，对于人有害，所以圣王乃造宫室。宫室的制度是：地基的高度足以避湿气，四围可以御风寒，屋顶足以御霜雪和雨露，墙壁的高度足以分隔内外，使男女有别，宫室之制仅此而已。凡是劳民伤财、实际没有多大益处的，圣王都不做的。照规定的劳役服务令人民去修治城郭，人民虽然疲劳，但是并无损伤，照通常的规例去征收租税，人民虽然破费，但是还不困苦。人民所引为困苦的并非此事，他们苦于劳役不休，租税横征暴敛。所以圣王之造宫室，唯求便利民生，并非为游观之乐而设；制成衣服鞋带，为的是便于身体，并非是要做奇怪的装束。所以己身节俭，教百姓也如此，而天下的人民得以治理，财用得以充足。

当今之主，其为宫室，则与此异矣。必厚作敛于百姓，暴夺民衣食之财，以为宫室台榭曲直之望，青黄刻镂之饰。为宫室若此，故左右皆法象之，是以其财不足以待凶饥，振孤寡，故国贫而民难治也。君实欲天下之治而恶其乱也，当为宫室不可不节。

当今的人主造宫室时，就不同了，必定要向百姓横征暴敛，强夺百姓衣食的财用，去治造宫室，亭台楼阁曲折有致，青黄彩色雕刻修饰。造宫室这般考究，左右的人也都学着奢华，所以财用不足以应付凶年饥馑，赈恤孤寡，国家穷困，而人民也难治了。人君如果真想天下治理，真不愿天下混乱的话，那么治造宫室时，不可以不节俭。

古之民未知为衣服时，衣皮带茭，冬则不轻

而温，夏则不轻而清。圣王以为不中人之情，故作诲妇人治丝麻，梱布绢，以为民衣。为衣服之法，冬则练帛之中，足以为轻且暖；夏则絺绤之中，足以为轻且清，谨此则止。故圣人为衣服，适身体，和肌肤，而足矣，非荣耳目而观愚民也。当是之时，坚车良马不知贵也，刻镂文采不知喜也，何则？其所道之然。故民衣食之财，家足以待旱水凶饥者，何也？得其所以自养之情，而不感于外也。是以其民俭而易治，其君用财节而易赡也。府库实满，足以待不然，兵革不顿，士民不劳，足以征不服，故霸王之业，可行于天下矣。

上古的人民不知道制衣服时，都穿兽皮，系着草索，冬天不轻便，又不温暖，夏天更不凉快。圣王以为这个对于人不适宜，乃教妇人治丝麻，织布匹，制成衣服。衣服的定制是：冬天穿生丝制的内衣，只求其轻暖；夏天穿葛制的中衣，但取其凉爽，仅此而已。所以圣人之做衣服，只求其能使身体舒适，并非要为好看，在百姓面前出风头。那个时候，坚车良马无人知道宝贵，雕刻文采无人知道爱惜，什么缘故呢？因为在上位的教人民如此啊。人民的衣食财用足以自给，家内富足，足以备水旱凶年之灾,这也无非因为他们了解生活的要义,不为分外奢华无益的用度。所以人民都节俭而易治理,人君用财有节度,也容易赡足。府库充实,足以防备不虞之变,兵甲不敝坏,士民不疲劳,足以征伐不服之臣,所以能成就霸王之业于天下。

当今之王,其为衣服,则与此异矣。冬则轻暖,夏则轻清,皆已具矣,必厚作敛于百姓,暴夺民衣食之财,以为锦绣文采靡曼之衣,铸金以为钩,珠玉以为佩,女工作文采,男工作刻镂,以为身服。此非云益暖之情也,单财劳力,毕归之于无用也。以此观之,其为衣服,非为身体,皆为观好,是以其民淫僻而难治,其君奢侈而难谏也。夫以奢侈之君,御好淫僻之民,欲国无乱,不可得也。君实欲天下之治而恶其乱,当为衣服不可不节。

当今的人主做衣服时,就和这个不同了。冬天已经轻暖,夏天已经凉快了,而必定要向百姓横征暴敛,强取人民衣食财用,去做锦绣文采华丽的衣服,更造金的钩子、珠玉的佩环,女工绣文采,男工掌雕刻,衣服佩戴制成后,穿在身上,这并非取其温暖适身,不过劳民伤财,而结果仍是一无实用而已。这样看来,他们做衣服都不是为的身体,都是为的外观好看,所以他们的人民都淫邪难治,人君都奢侈难以谏止。以奢侈的人君去治好淫邪的百姓,欲求国家不乱,这实在是一件不可能的事。人君果真想天下治理,不愿其混乱,做衣服时就不可以不节俭。

古之民未知为饮食时,素食而分处。故圣人作诲男耕稼树艺,以为民食。其为食也,足以增气充虚,强体养腹而已矣。故其用财节,其自养俭,民富国治。

上古的人民不知道制饮食时,但吃草木的果实。圣人乃教男子耕稼种植,供给人民食粮。饮食的功用只求其能充饥增气力,强身体适口腹而已。所以他们对于饮食,用财甚为节省,自己的供养也甚俭薄,而人民也富足,国家也治理了。

今则不然,厚作敛于百姓,以为美食刍豢,蒸炙鱼鳖,大国累百器,小国累十器,美食方丈[1],

---

[1] 原注:旧作"前方丈"三字,今据《文选注》两引改"美食方丈"。

目不能遍视,手不能遍操,口不能遍味,冬则冻冰,夏则饰馕。人君为饮食如此,故左右象之,是以富贵者奢侈,孤寡者冻馁。虽欲无乱,不可得也。君实欲天下治而恶其乱,当为食饮不可不节。

当今的人君就不同了,向百姓横征暴敛,搜刮钱财,制美味的食品,鱼鳖肉脯,蒸的烤的,大国之君有上百样菜,小国之君有上十样菜,面前丈把长的桌子都给摆满了,眼睛不能遍看到,筷子不能遍夹到,嘴不能遍尝到,冬天每致冻冰,夏天常常馊坏。人君这样考究饮食,左右的人也都学他,所以富贵人家愈发奢侈,孤寡穷苦的人甚至受冻挨饿。如此虽欲国家不乱,实在是一件不可能的事。人君果真想天下治理,不愿天下混乱,对于饮食的费用不可以不加以节省。

古之民未知为舟车时,重任不移,远道不至。故圣王作为舟车,以便民之事。其为舟车也,全固轻利,可以任重致远。其为用财少,而为利多,是以民乐而利之。故法令不急而行,民不劳而上足用,故民归之。

上古的人民不知道造舟车时，重的物件搬不动，远的地方去不了。所以圣王乃造舟车，便利人民。所造的舟车轻便坚固，可以运重的东西，行远的路程。费用甚少，而利益甚大，所以人民都觉得它便利，都乐而用之。法令不用催促而自行，人民不劳苦，财用也充足，所以人民都归向国君了。

当今之主，其为舟车，与此异矣。全固轻利皆已具，必厚作敛于百姓，以饰舟车。饰车以文采，饰舟以刻镂。女子废其纺织而修文采，故民寒；男子离其耕稼而修刻镂，故民饥。人君为舟车若此，故左右象之，是以其民饥寒并至，故为奸。邪多则刑罚深，刑罚深则国乱。君实欲天下之治而恶其乱，当为舟车不可不节。

当今的人主造舟车就和这个不同了。已经轻便坚固了，然而必定要向百姓横征暴敛，搜刮民财，以修饰舟车。车上画文采，船上饰雕刻，女子废弃纺织去描画文采，所以人民因为没有衣服穿而受冻；男子废弃种田去从事雕刻，所以人民因缺食而挨饿。人君这样考究舟车，左右的人也都学他，所以他国里的人民饥寒交迫，不得已乃去做奸邪的事。奸邪的事既多，则刑罚繁重，刑罚一繁重，国家就乱了。人君果真想天下治理，不愿天下乱，对于制造舟车，不可以不力求节省。

　　凡回于天地之间，包于四海之内，天壤之情，阴阳之和，莫不有也，虽至圣不能更也。何以知其然？圣人有传：天地也，则曰上下；四时也，则曰阴阳；人情也，则曰男女；禽兽也，则曰牡牝雌雄也。真天壤之情，虽有先王不能更也。

　　凡是生于天地之间、处于四海之内的一切东西，都具有天地的至情、阴阳的调和，虽是圣人都不能加以更改。何以见得如此呢？圣人有遗训：对于天地就称上下；对于四时就称阴阳；对于人类就称男女；对于禽兽就称牡牝雌雄。真正的天地间的至情，虽从前的圣王都不能加以更动。

　　虽上世至圣，必蓄私，不以伤行，故民无怨。宫无拘女，故天下无寡夫。内无拘女，外无寡夫，故天下之民众。当今之君，其蓄私也，大国拘女累千，小国累百，是以天下之男多寡无妻，女多拘无夫，男女失时，故民少。君实欲民之众而恶其寡，当蓄私不可不节。

上古的圣王都有姬妾,但是姬妾的数目不多,不致有伤天地间的和气,所以人民没有因为配偶失时而愁怨的。宫里没有拘禁的女子,天下没有鳏夫。内里没有拘禁的女子,外面没有鳏夫,所以天下的人民繁殖众多。当今的人君养姬妾,大国拘禁上千个女子,小国拘禁数百个女子,所以天下的男子多半没有妻子,女子多半遭拘禁而没有丈夫,男女婚姻失时,所以百姓减少了。人君果真想人民增多,不愿他们减少,那么对于养姬妾就不可以没有节度。

凡此五者,圣人之所俭节也,小人之所淫佚也。俭节则昌,淫佚则亡。此五者不可不节。夫妇节而天地和,风雨节而五谷孰,衣服节而肌肤和。

以上所论的五事,都是圣人所节俭的,小人所淫佚无度的。俭节的必定昌盛,淫佚的必定灭亡。对于此五事不可以没有节度。夫妇若守节度,则天地阴阳之气自然和顺;风雨若有节度,五谷自然丰收;衣服之制若有节度,身体和肌肤都安适了。

三辩

程繁问于子墨子曰:"夫子曰:'圣王不为乐。'昔诸侯倦于听治,息于钟鼓之乐;士大夫倦于听治,息于竽瑟之乐;农夫春耕夏耘,秋敛冬藏,息于聆缶之乐。今夫子曰:'圣人不为乐。'此譬之犹马驾而不税,弓张而不弛,无乃非有血气者之所不能至邪?"

程繁问墨子道:"夫子曾说过:'圣王不作音乐。'但是从前诸侯工作累了,听钟鼓之乐以休养精神;士大夫工作累了,奏竽瑟之乐以休养精神;农夫春天耕种,夏天割草,秋天收获,冬天贮藏,闲时也击瓦盆土器为乐。现在夫子说:'圣王不作音乐。'这譬如使马永远驾车,不卸去车子,将弓永远张开,不肯放松。这恐怕不是有血气的人所能做得到的吧?"

子墨子曰:"昔者尧舜有茅茨[1]者,且以为礼,且以为乐。汤放桀于大水,环天下自立以为

---

[1] 原注:"茅茨"旧作"第期",今据《太平御览》改。

王,事成功立,无大后患,因先王之乐,又自作乐,命曰《护》,又修《九招》。武王胜殷杀纣,环天下自立以为王,事成功立,无大后患,因先王之乐,又自作乐,命曰《象》。周成王因先王之乐,又自作乐,命曰《驺虞》。周成王之治天下也,不若武王;武王之治天下也,不若成汤;成汤之治天下也,不若尧舜。故其乐逾繁者,其治逾寡。自此观之,乐非所以治天下也。"

墨子道:"从前尧、舜时但有茅草屋子,礼乐之制不过如此。等到汤放逐桀于大水后,统一天下,自立为王,事成功立,没有后患,乃因着先王所传下的音乐,自己又更作音乐,命名曰《护》,又修《九招》之乐。周武王既破殷,将纣杀死,统一天下,自立为王,事成功立,见没有后患,乃因着先王所传下的音乐,自己又更作新的音乐,命名曰《象》。周成王因着先王传下的音乐,自己又创作新音乐,命名曰《驺虞》。周成王治理天下不及周武王;周武王治理天下不及成汤;成汤治理天下又不及尧、舜。所以音乐之制愈繁复的,对于治理天下也就越不行。这样看来,音乐是不能用来治理天下的了。"

程繁曰:"子曰:'圣王无乐。'此亦乐已,若之何其谓圣王无乐也?"子墨子曰:"圣王之命也,多寡之。食之利也,以知饥而食之者智也,因为无智矣。今圣有乐而少,此亦无也。"

程繁道:"夫子说:'圣王不作音乐。'但是这个就是音乐,怎么说圣王没有音乐呢?"墨子道:"圣王设制,对于事物凡是不愿它们繁多的,必定要限制它们。譬如饮食助人生长,对于人是很有利益的,但是人若因饥饿而知进饮食,这并不能算得聪明,若因为人饥饿时知道进饮食,便说这人聪明,那此人的见识实在太浅,太不聪明了。圣王虽有音乐,但是极少,这也如同没音乐一样。"

兼爱 上

圣人以治天下为事者也，必知乱之所自起，焉能治之；不知乱之所自起，则不能治。譬之如医之攻人之疾者然，必知疾之所自起，焉能攻之；不知疾之所自起，则弗能攻。治乱者何独不然？必知乱之所自起，焉能治之；不知乱之所自起，则弗能治。[1]圣人以治天下为事者也，不可不察乱之所自起。

圣人以治理天下为事，他定须知道乱事的由来，才能治理天下，否则他是不能治理天下的。譬如医生给人治病，也是如此，他必须知道疾病的由来，方才能治它，否则他是不能将这病治愈的。所以圣人既以治理天下为事，就不可以不考察祸乱的由来。

当察乱何自起？起不相爱。臣子之不孝君

---

[1] 编者注：此处缺译解，联系上下文似可补："治理乱事何尝不是如此？必须知道乱事的由来，才能进行治理，否则是治理不了的。"

父,所谓乱也。子自爱,不爱父,故亏父而自利;弟自爱,不爱兄,故亏兄而自利;臣自爱,不爱君,故亏君而自利。此所谓乱也。虽父之不慈子,兄之不慈弟,君之不慈臣,此亦天下之所谓乱也。父自爱也,不爱子,故亏子而自利;兄自爱也,不爱弟,故亏弟而自利;君自爱也,不爱臣,故亏臣而自利。是何也?皆起不相爱。

我也曾考察过乱事的起源,它们都是由于人不互相亲爱。人臣对于国君不忠,人子对于父亲不孝,祸乱之事因之而起。然究其原因,不过因为人子只爱自己,不爱父亲,所以损害父亲以利己;弟弟因为只爱自己,不爱兄长,所以损害兄长以利己;人臣因为只爱自己,不爱国君,所以损害国君以利己。所以乱事因之而起了。父亲对于儿子不仁慈,兄长对于弟弟不仁慈,国君对于人臣不仁慈,这都是天下所谓祸乱之事。然究其原因,也由于父亲不爱儿子,只爱自己,所以不惜损害儿子以利己;兄长不爱弟弟,只爱他自己,所以不惜损害弟弟以利己;国君不爱臣民,只爱他自己,所以不惜损害臣民以利己。这是何故呢?还不都是由于大家不能互相亲爱吗?

虽至天下之为盗贼者亦然。盗爱其室,不爱

其异室,故窃异室以利其室;贼爱其身,不爱人,故贼人以利其身。此何也?皆起不相爱。虽至大夫之相乱家,诸侯之相攻国者亦然。大夫各爱家,不爱异家,故乱异家以利家;诸侯各爱其国,不爱异国,故攻异国以利其国。天下之乱物,具此而已矣。

  虽是天下做盗贼的,也同出此一理。强盗只爱自己的家,不爱他人的家,所以偷盗人家以利于自己的家;寇贼只爱自己的身体,不爱他人的身体,所以贼害他人的身体以利于自己的身体。这是什么缘故呢?还不是都由于大家不相爱吗?虽是大夫破坏他家,诸侯攻打邻国,也同出此一理。大夫各爱自己的家室,不爱他人的家室,所以破坏他人家以增自己家内的利益;诸侯各爱自己的国度,不爱邻国,所以攻打邻国以增本国的利益。天下的乱事,毕尽于此了。

  察此何自起?皆起不相爱。若使天下兼相爱,爱人若爱其身,恶施不孝?犹有不慈者乎?视子弟与臣若其身,恶施不慈?故不孝不慈亡有,犹有盗贼乎?故视人之室若其室,谁窃?视人身若其身，谁贼？故盗贼亡有。犹有大夫之相乱家、诸侯之相攻国者乎？视人家若其家，谁乱？视人国若其国，谁攻？故大夫之相乱家、诸侯之相攻国者亡有。若使天下兼相爱，国与国不相攻，家与家不相乱，盗贼无有，君臣父子皆能孝慈，若此则天下治。

  细察他们的起源，都是由于不相爱。若使天下的人都能相爱，爱他人有如爱自己一样，还有不孝顺的吗？把父兄和国君看作和自己一样，怎么会不孝顺呢？还有不仁慈的吗？把子弟同臣民看作和自己一样，怎么会不仁慈呢？所以不孝不慈的都没有了，还有盗贼吗？把别人的家看作和自己的家一样，还有谁来偷盗呢？把别人的身体看作和自己的身体一样，还有谁来贼害人呢？所以盗贼都没有了。还有大夫破坏他家、诸侯互相攻打的事吗？把别人的家族看作和自己的家族一样，还有谁去破坏别人的家族呢？把别人的国家看作和自己的国家一样，又有谁去攻打邻国呢？所以像大夫破坏他家、诸侯攻打邻国，这类的事都没有了。假使天下的人都能互相爱护，国与国不相攻打，家与家不相侵凌，盗贼一齐没有，君臣父子间都忠孝仁慈，这样天下就能治理了。

故圣人以治天下为事者,恶得不禁恶而劝爱?故天下兼相爱则治,相恶则乱。故子墨子曰"不可以不劝爱人"者,此也。

圣人既以治理天下为事,怎么可以不禁止人民互相仇恨,鼓励人民互相亲爱呢?天下的人都互相亲爱,天下就治理,天下的人若互相仇恨,天下就乱了。所以墨子说"不可以不劝人互相亲爱",正是为此。

兼爱 中

子墨子言曰:"仁人之所以为事者,必兴天下之利,除去天下之害,以此为事者也。"然则天下之利何也?天下之害何也?子墨子言曰:"今若国之与国之相攻,家之与家之相篡,人之与人之相贼,君臣不惠忠,父子不慈孝,兄弟不和调,此则天下之害也。"

墨子说:"仁义之人以治理天下为事,必须增进天下的利益,除去天下的祸患。"何为天下的利益,何为天下的患害呢?墨子说:"现在如国与国互相攻打,家与家互相争夺,人与人互相残害,君对臣无恩惠,臣对君不尽忠,父对子不慈爱,子对父不孝顺,兄弟之间不和睦,这都是天下的患害。"

然则崇此害亦何用生哉?以相爱生邪?子墨子言:"以不相爱生。今诸侯独知爱其国,不爱人之国,是以不惮举其国以攻人之国;今家主独知爱其家,而不爱人之家,是以不惮举其家以篡人之家;今人独知爱其身,不爱人之身,是以不惮举其身以贼人之身。是故诸侯不相爱,则必野战;家主不相爱,则必相篡;人与人不相爱,则必相贼。君臣不相爱,则不惠忠;父子不相爱,则不慈孝;兄弟不相爱,则不和调;天下之人皆不相爱,强必执弱,富必侮贫,贵必敖贱,诈必欺愚。凡天下祸篡怨恨其所以起者,以不相爱生也,是以仁者非之。"

那么这些患害是从何发生的呢?因为人相爱而生的吗?墨子说:"由于人不相爱而生的。当今诸侯但知爱他自己的国,不爱旁人的国,所以不惜用全国的力量去攻打旁人的国;家主[1]但知爱他自己的家,不爱旁人的家,所以不惜用他一家的力量去争夺旁人的家;人但知爱自己的身体,不爱他人的身体,所以不惜用他全身的力量去贼害他人的身体。诸侯不相爱,必定在野地开战;家主不相爱,必定互相争夺;人与人不相爱,必定互相贼害;君臣不相爱,就没有恩惠,不讲忠义;父子不相爱,就不会慈爱,不会孝顺;兄弟不相爱,就不会和睦;天下的人若都不相爱,强者必定要侵凌弱者,富人必要侮慢穷

---

[1] 原注:指卿大夫而言。

人,位高的必定要看不起位低的,刁诈的必定要欺诈愚鲁的。凡是天下的祸患、争夺、怨恨,它们的起源都是由于不相爱,所以仁人以为不相爱是不对的。"

既以非之,何以易之?子墨子言曰:"以兼相爱、交相利之法易之。"然则兼相爱、交相利之法,将奈何哉?子墨子言:"视人之国,若视其国;视人之家,若视其家;视人之身,若视其身。是故诸侯相爱,则不野战;家主相爱,则不相篡;人与人相爱,则不相贼;君臣相爱则惠忠;父子相爱则慈孝;兄弟相爱则和调。天下之人皆相爱,强不执弱,众不劫寡,富不侮贫,贵不敖贱,诈不欺愚。凡天下祸篡怨恨可使毋起者,以相爱生也,是以仁者誉之。"

既然以为它不对,用什么方法去更改它呢?墨子说:"用互相爱护、互施利益的方法来更改它。"互相爱护、互施利益的方法又是怎么样呢?墨子说:"将他人的国度看作和自己的国度一样,将他人的家室看作和自己的家室一样,将他人的身体看作和自己的身体一样,这就是互相爱护、互施利益。诸侯若相爱,就不会在野地开战;家主若相爱,就不会互相争夺;人民若相爱,就不会互相贼害;君臣若相爱,人君必施恩惠,人臣必尽忠心;父子若相爱,父亲必定仁慈,儿子也必孝顺;兄弟若相爱,家庭间就和睦。天下的人若都相爱,强者就不欺凌弱者,人多的就不胁迫人数少的,富人就不侮慢穷人,位高的就不傲视位分低的,机巧的也不会欺骗愚鲁的。凡是天下的一切祸患、争夺、怨仇、憎恶,可以使它们不发生,都是由于相爱,所以仁者赞美相爱。"

然而今天下之士君子曰:"然,乃若兼则善矣,虽然,天下之难物于故也。"子墨子言曰:"天下之士君子,特不识其利、辩其故也。今若夫攻城野战,杀身为名,此天下百姓之所皆难也。苟君说之,则士众能为之。况于兼相爱、交相利,则与此异?夫爱人者,人必从而爱之;利人者,人必从而利之;恶人者,人必从而恶之;害人者,人必从而害之。此何难之有?特上弗以为政,士不以为行故也。昔者晋文公好士之恶衣,故文公之臣,皆牂羊之裘,韦以带剑,练帛之冠,入以见于君,出以践朝,是其故何也?君说之,故臣为之也。昔者楚灵王好士细要,灵王之臣,皆以一饭为节,胁息然后带,扶墙然后起,比期年,朝有黧黑之危,是其故何也?君说之,故臣能之也。昔越王勾践好士之勇,教驯其臣和合之,焚舟失火,试其士曰:'越国之宝尽在此。'越王亲自鼓其士而进之。士闻鼓音,破碎乱行,蹈火而死者,左右百人有余。越王击金而退之。"

　　但是当今天下的一班士君子都说:"不错,大家相爱是对的,可是这是天下的一件极难的事,极迂阔的事。"墨子说:"天下的士君子,不过因为不识它的利害,不曾辨清它的功效罢了。现在譬如攻城野战,牺牲自己的性命,以求声名流传后世,这乃是天下百姓所视作难做的事。但是如果国君喜欢战争,士人民众尚能做到。何况大家相爱,互施利益,不和这个相同呢?爱护人的,人必定也随着爱他;便利人的,人必定也给他便利;憎恶人的,人必定也随着憎恶他;贼害人的,人必定也随着贼害他。这个何难之有?不过因为在上位的不教人民这样做,士人不把它当一件事做罢了。从前晋文公喜欢士人服装简陋,于是晋文公的臣子都穿母羊皮的衣服,挂剑用不加修饰的皮带,戴厚缯制的冠帽,进去见国君,出来上朝,这是什么缘故呢?因为国君喜欢如此,所以臣子肯这样做。从前楚灵王喜欢细腰的士人,于是灵王的臣子每天都只吃一顿饭,系带子时都先吸住气,扶着墙才能起来,过了一年,朝中的臣子人人瘦黑,这是什么缘故呢?因为国君喜欢如此,所以臣子都能这样做。从前越王勾践喜欢勇士,训练他的臣子尚武,私令人放火烧船只,试他的勇士道:'越国的财宝都在这里。'于是越王亲自击鼓,令他们前进。勇士闻听鼓音,都不按次序,争先赴火而死的有上百人,越王鸣金收队,他们才退下。"

是故子墨子言曰:"乃若夫少食恶衣,杀身而为名,此天下百姓之所皆难也,若苟君说之,则众能为之,况兼相爱、交相利,与此异矣。夫爱人者,人亦从而爱之;利人者,人亦从而利之;恶人者,人亦从而恶之;害人者,人亦从而害之。此何难之有焉?特上不以为政,而士不以为行故也。"

所以墨子说:"禁止多吃饭,穿坏衣服,为名声而牺牲自己的性命,这都是天下百姓所视作难做的事,但是倘若国君喜欢,众人就能够做到,何况一齐相爱,互施利益,和这个不同哩。爱护人的,人也将爱护他;便利人的,人也将便利他;憎恶人的,人也将憎恶他;贼害人的,人也将贼害他。这事何难之有?不过因为国君不教人民这样做,士人也不肯把它当一件事做罢了。"

然而今天下之士君子曰:"然,乃若兼则善矣,虽然,不可行之物也,譬若挈太山越河济也。"子墨子言:"是非其譬也,夫挈太山而越河济,可谓毕劫有力矣,自古及今,未有能行之者也。况乎兼相爱,交相利,则与此异。古者圣王行之。何以知其然?古者禹治天下,西为西河渔窦,以泄渠孙皇之水;北为防原泒,注后之邸,呼池之窦,洒为底柱,凿为龙门,以利燕代胡貉与西河之民;东方漏之陆防,孟诸之泽,洒为九浍,以楗东土之水,以利冀州之民;南为江汉淮汝,东流之注五湖之处,以利荆楚于越南夷之民。此言禹之事,吾今行兼矣。昔者文王之治西土,若日若月,乍光于四方,于西土,不为大国侮小国,不为众庶侮鳏寡,不为暴势夺穑人黍稷狗彘。天屑临文王慈,是以老而无子者,有所得终其寿;连独无兄弟者,有所杂于生人之间;少失其父母者,有所放依而长。此文王之事,则吾今行兼矣。昔者武王将事泰山隧,传曰:'泰山!有道曾孙周王有事,大事既获,仁人尚作,以祗商夏,蛮夷丑貉。虽有周亲,不若仁人,万方有罪,维予一人。'此言武王之事,吾今行兼矣。"

但是当今天下的士君子说:"不错,兼爱是好的,然而它是一件不可行的事,譬如说要举起泰山越过黄河、济水一样。"墨子说:"这个比喻不对。举起泰山越黄河、济水,这般大的气力,从古至今都没有人能够做到。但是大家一齐亲爱,互相施利,就和这个不同了。古代的圣王就有人做到过。何以见得如此呢?从前禹治天下时,西面开西河渭汭,以泄弦蒲薮的积水;北面筑堤防,开原水、泒水,注入昭余邸,使呼沱河的水分流,环绕底柱山,凿龙门山通水,以利燕代、胡貉与西河的人民;东面穿泄大陆的迂水,疏通孟诸的泽薮,分为九条河,疏散东土的水,以利冀州的人民;南面将长江、汉水、淮河、汝水引入五湖,以利荆楚于越的人民,以及南夷之民。这是大禹的事业,我们现在要用这种精神实行兼爱。从前周文王治理西土时,明德有如日月,光明照于四方及西土[1],不以大国侵凌小国,不以众人欺负鳏寡孤独,不以强暴威势夺取农夫的猎狗黍豆。上天眷顾文王的慈政,所以年老无子的得以善终,孤独无兄弟的得以维持生活,幼小无父母的也有所依托,得以长大成

---

[1] 原注:指岐周。

人。这是周文王治理西土的事业,我们现在要用这种精神去实行兼爱。从前周武王既定天下,掘地为隧道,祭祀泰山之神,传记上曾记道:'泰山!照着道理行事的曾孙[1]周王有事,大事既已成功,仁人[2]更起而拯救商夏四夷之民。但知尚用仁人,不因其是周亲遂另加优待,万方的人民,无论谁有罪过,都是由于我一人教导不逮之过。'这是说周武王治理天下的事业,我们现在要用这种精神来实行兼爱。"

是故子墨子言曰:"今天下之君子,忠实欲天下之富,而恶其贫;欲天下之治,而恶其乱,当兼相爱,交相利。此圣王之法,天下之治道也,不可不务为也。"

所以墨子说:"当今天下的士君子,心中果真想天下富庶,不愿天下穷困,想治理天下,恨天下混乱,就应当大家一齐相爱,互施利益。这乃是圣王之常法,治理天下之正道,不可以不努力地去做。"

---

[1] 原注:诸侯祭祀时对鬼神之自称。
[2] 原注:指姜尚、周公、召公等。

兼爱 下

子墨子言曰："仁人之事者，必务求兴天下之利，除天下之害。"然当今之时，天下之害孰为大？曰：若大国之攻小国也，大家之乱小家也，强之劫弱，众之暴寡，诈之谋愚，贵之敖贱，此天下之害也。人与为人君者之不惠也，臣者之不忠也，父者之不慈也，子者之不孝也，此又天下之害也。又与今人之贱人，执其兵刃毒药水火，以交相亏贼，此又天下之害也。

墨子说："仁义之人以治理天下为事，务必要兴天下之利，除天下之害。"但是当今天下什么是最大的害处？道：如大国攻打小国，大家侵扰小家，强暴迫胁弱者，多数的人欺负少数的人，机智的设计骗愚鲁的，位分高的傲视位分低的，这都是天下的患害。又如为人君的不施恩惠，为人臣的不尽忠诚，父亲不仁慈，儿子不孝顺，这也是天下的患害。再如当今的下级的人民，执着兵器、毒药、水火，互相残害损伤，这又是天下的患害。

姑尝本原若众害之所自生,此胡自生? 此自爱人利人生与? 即必曰非然也,必曰从恶人贼人生。分名乎? 天下恶人而贼人者,兼与? 别与? 即必曰别也。然即之交别者,果生天下之大害者与? 是故别非也。子墨子曰:"非人者必有以易之。若非人而无以易之,譬之犹以水救火也。其说将必无可矣。"是故子墨子曰:"兼以易别。"

现在试推究这些患害何以发生的,它们因为爱人、利人而生的吗? 必定回答:不是。必定要说:它们是由憎恶人、贼害人而生的。更问天下憎恶人与贼害人的人是兼爱的吗? 还是别爱[1]的呢? 那必定要说是别爱的。别爱既然产生天下一切的大患害,所以墨子说:"别爱是不对的。以为别人不对,不可以没有代替他的良法,若但以为别人不对,而无良法以代替他,这譬如用水去救水,用火去救火一样。这是不对的。"所以墨子说:"要用兼爱来代替别爱。"

然即兼之可以易别之故何也? 曰:藉为人之

---

[1] 原注:与"兼爱"相反的意思。"兼爱"是对人一律都爱,"别爱"是分别你我甚清,但爱自己,不爱他人。

国，若为其国，夫谁独举其国，以攻人之国者哉？为彼者由为己也。为人之都，若为其都，夫谁独举其都，以伐人之都者哉？为彼犹为己也。为人之家，若为其家，夫谁独举其家，以乱人之家者哉？为彼犹为己也。然即国都不相攻伐，人家不相乱贼，此天下之害与？天下之利与？即必曰天下之利也。

但是兼爱为何可以代替别爱呢？道：假使把别人的国看作和自己的国一样，又有谁人以他的国去攻打他人的国呢？为人的国和为自己的国都是一样的呀。将别人的封邑看作和自己的封邑一样，有谁以他的封邑去攻打他人的封邑呢？为人家的封邑和为自己的封邑都是一样的呀。将人家的家和自己的家一样看待，有谁以他的家去侵扰人家的家呢？为人家的家有如为自己的家呀。国与封邑不相攻打，人与家不相侵扰贼害，这是天下的患害呢，还是天下的利益呢？必定要回答：是天下的利益。

姑尝本原若众利之所自生，此胡自生？此自恶人贼人生与？即必曰非然也，必曰从爱人利人生。分名乎？天下爱人而利人者，别与？兼与？

即必曰兼也。然即之交兼者,果生天下之大利者与? 是故子墨子曰:"兼是也。"

现在试推求这些利益从何发生,它们由于憎恶人、贼害人而生的吗? 必定要说:不是的。必定要说:是由于爱人、利人而生的。更问天下爱人与利人的人,是主张兼爱的,抑或是主张别爱的? 必定说:是兼爱的。兼爱既然产生天下一切的大利益,所以墨子说:"兼爱是对的。"

且乡吾本言曰:仁人之事者,必务求兴天下之利,除天下之害。今吾本原兼之所生,天下之大利者,吾本原别之所生,天下之大害者也。是故子墨子曰"别非而兼是者",出乎若方也。今吾将正求与天下之利而取之,以兼为正,是故以聪耳明目相为视听乎,是以股肱毕强相为动宰乎,而有道肆相教诲,是以老而无妻子者,有所侍养以终其寿,幼弱孤童之无父母者,有所放依以长其身。今惟毋以兼为正,即若其利也,不识天下之士,所以皆闻兼而非者,其故何也?

并且我曾说过:仁义之人以治理天下为事,务必要增进天下的利益,除去天下的患害。现在我已求出兼爱所产生的是天下的大利益,我已求出别爱所产生的是天下的大患害。所以墨子说"别爱不对,兼爱对的",就是由于这个道理。现在我将增进天下的利益,以兼爱为正道而行之,则人民的耳目无不相为视听而聪明,四肢无不相为动作而坚强有力,有道之人则勉力以相教诲,所以老年无妻子的都有所供养,得以寿善终,幼弱孤童无父母的都有所依靠,得以长成。现在若以兼爱为正道而行,就可以得到这些利益,不知天下的士人为何听到兼爱都主张反对?

然而天下之士,非兼者之言犹未止也。曰:"即善矣,虽然,岂可用哉?"子墨子曰:"用而不可,虽我亦将非之,且焉有善而不可用者?"

然而天下的士人反对兼爱的言论还是不会终止。他们说:"好是好的,但是岂可以用呢?"墨子说:"如果不可以用,则虽我亦将反对它,并且哪有既善而不可用的呢?"

姑尝两而进之。谁以为二士,使其一士者执别,使其一士者执兼。是故别士之言曰:"吾岂能为吾友之身,若为吾身?为吾友之亲,若为吾亲?"是故退睹其友,饥即不食,寒即不衣,疾病不侍养,死丧不葬埋。别士之言若此,行若此。兼士之言不然,行亦不然。曰:"吾闻为高士于天下者,必为其友之身,若为其身,为其友之亲,若为其亲,然后可以为高士天下。"是故退睹其友,饥则食之,寒则衣之,疾病侍养之,死丧葬埋之,兼士之言若此,行若此。

现在试将兼爱与别爱二者进而比较之。假设此地有两个士人,一个士人主张别爱,另一个士人主张兼爱。主张别爱的士人说:"我岂能为我友人的身体,和为我自己的身体一样?为我友人的父母亲,和为我自己的父母亲一样?"所以看见友人饥饿时,他不分食物给友人吃,看见友人受冻时,他也不分衣服给友人穿,有病时也不看护,死了也不葬埋。主张别爱的士人的言论是如此,行事是如此。主张兼爱的士人的言论就不同了,行事也与此不相同。他说:"我听说要做天下高义之士的,必定要为他友人的身体如同为他自己的身体一样,为他友人的父母亲如同为他自己的父母亲一样,然后才可以为高义之士于天下。"所以他遇见友人饥饿,就送友人食物吃,见友人寒冷,就赠友人衣服穿,有疾病时,加以看护,不幸死亡,就将友人葬埋。主张兼爱的士人的言论是如此，行事也是如此。

若之二者，言相非而行相反与？当使若二士者，言必信，行必果，使言行之合，犹合符节也，无言而不行也，然即敢问：今有平原广野于此，被甲婴胄将往战，死生之权，未可识也；又有君大夫之远使于巴、越、齐、荆，往来及否未及否，未可识也。然即敢问：不识将恶也，家室奉承亲戚，提挈妻子而寄托之，不识于兼之有是乎，于别之有是乎哉？以为当其于此也，天下无愚夫愚妇，虽非兼之人，必寄托之于兼之有是也。此言而非兼，择即取兼，即此言行拂也。不识天下之士，所以皆闻兼而非之者，其故何也？

像这两个士人，言论不同，行事相反。倘使他们二人所言必守信，所行必符合，言论与行事相合，有如符节之相吻合，怎么说就要怎么做，那么请问：假使现在此地有一片平原广野，披甲戴盔的人们开往前线作战，生死都不可知；又有君大夫奉命出使遥远的巴、越、齐、楚，能否重返故土，尚未可知。他们若要托人侍奉他们的父母，照应他们的妻子儿女的话，他们将拜托主张兼爱的友人呢,还是拜托主张别爱的友人呢?我以为在这个时候,天下无论什么愚夫愚妇,虽是反对兼爱的人,也必定要寄托给主张兼爱的友人了。平时虽说反对兼爱,但到了此时仍旧择取兼爱的,言论与行事是这般不一致。不知天下的士人为何听到兼爱便要反对?

然而天下之士,非兼者之言犹未止也。曰:"意可以择士,而不可以择君乎。"姑尝两而进之。谁以为二君,使其一君者执兼,使一君者执别。是故别君之言曰:"吾恶能为吾万民之身,若为吾身?此泰非天下之情也。人之生乎地上之无几何也,譬之犹驷驰而过隙也。"是故退睹其万民,饥即不食,寒即不衣,疾病不侍养,死丧不葬埋。别君之言若此,行若此。兼君之言不然,行亦不然。曰:"吾闻为明君于天下者,必先万民之身,后为其身,然后可以为明君于天下。"是故退睹其万民,饥即食之,寒即衣之,疾病侍养之,死丧葬埋之。兼君之言若此,行若此。

然而天下的士人反对兼爱主义的言论仍未终止。他们说:"或者可以这样择士人,但不可以这样择国君吧?"现在再将兼爱与别爱二者进而比较之。假设此地有两个国君,一个国君主张兼爱,另一个国君主张别爱。主张别爱的国君说:"我怎么能为我万民的身体,和为我自己的身体一样?这个不近人情极了。一人生于世上,没有多少时候,有如驷马驰过间隙,为时甚暂。"所以他看见他的人民饥饿时,不分食粮给他们吃,看见他们受冻时,也不施衣服给他们穿,他们有疾病时,不令人看护他们,他们死了,也不将他们善为葬埋。主张别爱的人君的言论是如此,行为也是如此。主张兼爱的人君的言论就不同了,行事也不同。他说:"我听说为天下圣明之君的,必先为万民,后为自己,然后可以为圣明之君于天下。"所以他看见人民饥饿时,就施食粮给他们吃,看见他们受冻时,就施衣服给他们穿,他们有疾病时,令人照护他们,他们若不幸死亡,就将他们善为葬埋。主张兼爱的国君的言论是如此,他的行事也是如此。

然即交若之二君者,言相非而行相反与?常使若二君者,言必信,行必果,使言行之合,犹合符节也,无言而不行也,然即敢问:今岁有疠疫,万民多有勤苦冻馁,转死沟壑中者,既已众矣,不识将择之二君者,将何从也?我以为当其于此也,天下无愚夫愚妇,虽非兼君,必从兼君是也。言而非兼,择即取兼,此言行拂也。不识天下所以皆闻兼而非之者,其故何也?

这两个国君,言论是不同的,行事是相反的。倘使他们二人所言必定守信,所行必定符合,言行相合,有如符节之互相吻合,怎么说就要怎么做,那么请问:假使今年有瘟疫,人民虽勤苦劳作,仍要受冻饿,尸体被弃入沟中的极多,此时人民若选择国君,他们将跟从谁呢?我以为在这个时候,天下无论什么愚夫愚妇,平常虽是反对兼爱的,这时候也要随从兼爱的国君了。平常说话时是反对兼爱的,此时仍旧要择取兼爱的,言论与行事是这样不一致。不知天下的士人为何听到兼爱便要反对?

然而天下之士,非兼者之言也,犹未止也。曰:"兼即仁矣,义矣。虽然,岂可为哉?吾譬兼之不可为也,犹挈泰山以超江河也,故兼者直愿之也,夫岂可为之物哉?"子墨子曰:"夫挈泰山以超江河,自古之及今,生民而来,未尝有也。今若夫兼相爱、交相利,此自先圣六王者亲行之。"何知先圣六王之亲行之也?子墨子曰:"吾非与之并世同时,亲闻其声,见其色也。以其所书于竹帛,镂于金石,琢于盘盂,传遗后世子孙者知之。"

然而天下的士人,反对兼爱的话仍未终止。他们说:"兼爱是合乎仁义的。但是怎么做得到呢?我将兼爱之不可行,比作提着泰山以超越江河一样。所以兼爱只不过是一种空想罢了,哪里是做得到的事呢?"墨子说:"提着泰山超越江河,自古及今,自有生民以来,没有人能够做到的。至于兼爱和互利,古代有四个圣王都曾亲自实行过。"何以知道古代有四个圣王曾亲自实行过呢?墨子说:"我并非和他同一时代而生,亲耳听见他们的声音,看见他们的容貌。我是从他们写在竹帛上、刻在金石上、琢在盘盂上的传给后世子孙的记录上得知的。"

《泰誓》曰:"文王若日若月,乍照光于四方,于西土。"即此言文王之兼爱天下之博大也,譬之日月,兼照天下之无有私也,即此文王兼也。虽子墨子之所谓兼者,于文王取法焉。

《泰誓》上说:"文王像太阳,又像月亮,将光辉照及四方和西土。"这正是说文王的兼爱天下,如此博大,有如太阳和月亮兼照天下，广大无私，这就是文王的兼爱。而墨子的兼爱主义，也是取法于文王。

且不惟《泰誓》为然，虽《禹誓》即亦犹是也。禹曰："济济有众，咸听朕言，非惟小子，敢行称乱，蠢兹有苗，用天之罚，若予既率尔群，对诸群以征有苗。"禹之征有苗也，非以求以重富贵、干福禄、乐耳目也，以求兴天下之利，除天下之害，即此禹兼也。虽子墨子之所谓兼者，于禹求焉。

并且不但《泰誓》如此说，《禹誓》上也有和这个相类的话。禹说："你们大众都听我的训话！并非小子[1]敢妄兴兵骚扰，实因有苗蠢动，所以只得代天行罚，我现在就率领你们众国的君长，去征讨有苗。"禹之征伐有苗，并非为富贵，也不是要求福禄，或是为享声色之乐，他乃是要兴起天下的利益，除去天下的患害，这正是禹行的兼爱。而墨子的兼爱主义，也就是取法于禹的。

且不惟《禹誓》为然，虽《汤说》即亦犹是也。

---

[1] 原注：禹自称。

汤曰:"惟予小子履,敢用玄牡,告于上天后曰:今天大旱,即当朕身履,未知得罪于上下。有善不敢蔽,有罪不敢赦,简在帝心。万方有罪,即当朕身;朕身有罪,无及万方。"即此言汤贵为天子,富有天下,然且不惮以身为牺牲,以祠说于上帝鬼神,即此汤兼也。虽子墨子之所谓兼者,于汤取法焉。

并且不但《禹誓》上这样说,《汤说》上也有这类的记载。汤说:"小子履[1]用黑色的牡牛致祭,告诉皇天后土道:今天大旱,履不知缘何得罪于天地,致上天降此大罚,履有善不敢隐蔽,有罪不敢轻赦,唯有天帝检阅其善恶。万方若有罪,都唯我是罚;我自己有罪时,请不要罚及万方。"这是说汤贵为天子,富有天下,然而尚且不惜以己身为牺牲,向上帝鬼神祈祷,为万民求福,这正是汤行的兼爱。而墨子的兼爱主义,也无非是取法于汤的。

且不惟《誓命》与《汤说》为然,《周诗》即亦犹是也。《周诗》曰:"王道荡荡,不偏不党;王道

---

[1] 原注:汤名。

平平，不党不偏。其直若矢，其易若底，君子之所履，小人之所视。"若吾言非语道之谓也，古者文武为正，均分赏贤罚暴，勿有亲戚弟兄之所阿，即此文武兼也。虽子墨子之所谓兼者，于文武取法焉。不识天下之人，所以皆闻兼而非之者，其故何也？

并且不但《禹誓》和《汤说》上这样讲，《周诗》上也有这类的话。《周诗》上说："王者治天下之道，广大而无私，平易而不偏曲。像箭一般直，像磨刀石一般平，君子所实践，小人所效法。"若以我所说的为不合于道，试看古代的文王、武王为政之公平，赏贤罚暴，不徇亲戚弟兄之私，这正是文王、武王行的兼爱。而墨子的兼爱主义，也无非是取法于文王、武王的。不知天下之人为何听到兼爱便要加以反对呢？

然而天下之非兼者之言犹未止。曰："意不忠亲之利而害为孝乎？"子墨子曰："姑尝本原之孝子之为亲度者。吾不识孝子之为亲度者，亦欲人爱利其亲与？意欲人之恶贼其亲与？以说观之，即欲人之爱利其亲也。然即吾恶先从事即得此?若我先从事乎爱利人之亲,然后人报我爱利吾亲乎?意我先从事乎恶人之亲,然后人报我以爱利吾亲乎?即必吾先从事乎爱利人之亲,然后人报我以爱利吾亲也。"

然而天下之士反对兼爱主义的言论仍未终止。他们说:"或者兼爱之道,不利于人亲,而有害于孝道吧?"墨子说:"且试推究一个人是怎样为他的父母设想。我不知孝子为他的父母设想时,是想人家的爱护利及他的父母呢,还是想人家的恶恨贼害他的父母呢?照我看来,他必定是想人家的爱护利及他的父母。然而自己先应当怎么做,方可以达到这个愿望呢?我先从事于以爱护利及人家的父母,然后人家也以爱护利及我的父母来报答我吗?还是我先以憎恶贼害人家的父母,然后人家遂以爱护利及我的父母来报答我呢?当然我要先以爱护利及人家的父母,然后人家才会以爱护利及我的父母,才会帮助我的父母。"

然即之交孝子者,果不得已乎?毋先从事爱利人之亲者与?意以天下之孝子为遇,而不足以为正乎?姑尝本原先王之所书,《大雅》之所道曰:"无言而不雠,无德而不报。投我以桃,报之以李。"即此言爱人者必见爱也,而恶人者必见恶也。不识天下之士,所以皆闻爱而非之者,其故何也?

孝子兼爱他人的父母,这乃是一件必须做的事,那么何不先从事以爱护利及人家的父母呢?还是以为天下的孝子愚笨,不足以为正道而行吗?我曾本原先王之书,以及《诗经·大雅》上所说的:"没有一句话是不因其善恶而定其价值的,没有一件德行是不得到相当的酬报的。给我一只桃子,报答他一只李子。"这正是说:爱人的必定见爱于人,恶人的也必定见恶于人。不知天下的士人为何听到兼爱主义便要反对?

意以为难而不可为邪?尝有难此而可为者。昔荆灵王好小要,当灵王之身,荆国之士饭不逾乎一,固据而后兴,扶垣而后行。故约食为其难为也,然后为,而灵王说之,未逾于世,而民可移也,即求以乡其上也。

以为兼爱之道太难,做不到吗?然而有较这个更难,却做到的哩。从前楚灵王喜欢细腰,当灵王在世时,楚国的士人每天不敢多吃一顿饭,用拐杖撑住,然后才能起来,行走时须扶着墙壁。节食是极难做的事,然而众人因灵王喜欢如此,大家都能够做到,尚未过一世[1],而民俗已为之一变,这无非是要迎合主上的心理。

昔者越王勾践好勇,教其士臣三年,以其知为未足以知之也,焚舟失火,鼓而进之。其士偃前列,伏水火而死,有不可胜数也。当此之时,不鼓而退也,越国之士,可谓颤矣。故焚身为其难为也,然后为之,越王说之,未逾于世,而民可移也,即求以乡上也。

从前越王勾践尚勇,训练他的士卒,三年后,尚不知其效果如何,于是放火烧船只,鸣鼓令士卒前进救火。士卒都前仆后继,入水火而死的不可胜数。当这个时候,虽停止击鼓,士卒仍前进不已,越国的士卒真可令人惊畏了。不顾自己被烧死是一件极难做到的事,然而众人依然能够做到,因为越王喜欢如此,所以尚未过一世,而民俗已经改变,这无非是要迎合主上的心理。

---

[1] 原注:三十年为一世。

昔者晋文公好苴服，当文公之时，晋国之士，大布之衣，牂羊之裘，练帛之冠，且苴之屦，入见文公，出以践之朝。故苴服为其难为也，然后为而文公说之，未逾于世，而民可移也，即求以乡其上也。

从前晋文公喜欢穿粗衣服，当文公在位的时候，晋国的士人都着粗布的衣裳，皮衣都是母羊的皮做的，冠帽都是厚缯制的，鞋子也极粗陋，进去见文公，出来上朝，都穿这种粗衣服。穿粗陋的衣服也是一桩很难做的事，然而众人因为文公喜欢如此，尚且能够做到，未过一世，而民俗已经改变，这无非是要迎合主上的心理。

是故约食、焚舟、苴服，此天下之至难为也，然后为而上说之，未逾于世，而民可移也，何故也？即求以乡其上也。今若夫兼相利，此其有利且易为也，不可胜计也，我以为则无有上说之者而已矣。苟有上说之者，劝之以赏誉，威之以刑罚，我以为人之于就兼相爱、交相利也，譬之犹火之就上、水之就下也，不可防止于天下。

所以节食、自焚和穿粗陋的衣服都是天下最难做的事,然而众人因为主上喜欢如此,尚且都能够做到,未过一世,而民俗已为之改变,是什么缘故呢?就要迎合主上的心理啊。现在兼爱和互利是有利益的,并且是容易做的,和节食、自焚、穿坏衣服差得远了。我以为但因在上位的没有人喜欢这样做罢了。果真在上位的有人喜欢这样做,用奖赏来鼓励,用刑罚去威禁,我以为众人趋就兼爱互利,有如火之向上燃烧、水之向下急流一样,是防止不住的。

故兼者,圣王之道也,王公大人之所以安也,万民衣食之所以足也,故君子莫若审兼而务行之。为人君必惠,为人臣必忠,为人父必慈,为人子必孝,为人兄必友,为人弟必悌。故君子莫若欲为惠君、忠臣、慈父、孝子、友兄、悌弟,当若兼之不可不行也。此圣王之道,而万民之大利也。

所以兼爱是圣王所行之道,王公大人们依此而安定,百姓们依此而衣食丰足。君子最好细察兼爱之道,尽力实行。如此,为人君的必能施恩惠,为人臣的必能尽忠,为人父的必定慈爱,为人子的必定孝顺,为人兄的必定和善,为人弟的必定恭敬。君子若欲国君仁厚，人臣忠诚，父亲慈爱，儿子孝顺，兄长和善，弟弟恭敬，自应当力行兼爱。兼爱乃是圣王所行之道，是人民最大的利益。

译解墨子

非攻 上

　　今有一人,入人园圃,窃其桃李。众闻则非之,上为政者,得则罚之。此何也?以亏人自利也。至攘人犬豕鸡豚者,其不义又甚入人园圃窃桃李。是何故也?以亏人愈多。其不仁兹甚,罪益厚。至入人栏厩取人马牛者,其不仁义,又甚攘人犬豕鸡豚。此何故也?以其亏人愈多。苟亏人愈多,其不仁兹甚,罪益厚。至杀不辜人也,扡其衣裘、取戈剑者,其不义,又甚入人栏厩,取人马牛,此何故也?以其亏人愈多。苟亏人愈多,其不仁兹甚矣,罪益厚。当此天下之君子,皆知而非之,谓之不义。今至大为攻国,则弗知非,从而誉之,谓之义。此何[1]谓知义与不义之别乎?

　　现在假使有一个人,跑进人家的果园内,偷窃桃子和李

---

[1] 原注:一本作"可"。

子。众人闻知后,必定说他不对,官长将他捉获,必定要处罚他。这是为何呢?因为他损人利己呀。至于偷盗人家的鸡犬和猪,其不义又甚过到人果园内去偷桃李。这是什么缘故呢?因为他损害人的程度更深。损害人的程度既然更深,其不仁也愈甚,而犯的罪过也越重了。至于到人家的牛圈马厩内偷取人家的牛马,其不义又甚过偷盗人家的鸡犬和猪。这是什么缘故呢?因为他损害人的程度更深。损害人的程度既然更深,其不仁也愈甚,所犯的罪过也越重。至于妄杀无辜之人,夺取他的皮衣、戈剑,这较到人家的牛圈马厩内偷盗人家的牛马,更不义了。这是什么缘故呢?因为他损害人的程度更深。损害人的程度既然更深,其不仁爱也愈甚,而他所犯的罪过也越重了。天下的君子对于这个,都知道说它不对,称它为不义。但是现在攻打别人的国家,是最不义的事,大家反不知道反对,反而赞美它,称之为合乎义。这样能算得知道义与不义的分别吗?

杀一人,谓之不义,必有一死罪矣。若以此说往杀十人,十重不义,必有十死罪矣;杀百人,百重不义,必有百死罪矣。当此天下之君子,皆知而非之,谓之不义。今至大为不义,攻国,则弗知非,从而誉之,谓之义,情不知其不义也!故书其言以遗后世。若知其不义也,夫奚说书其不义以遗后世哉?

杀死一个人,就谓之不义,就犯一项死罪。若以此说推之,杀死十个人是十倍不义,必有十重死罪了;杀死一百人,其不义百倍于此,必有百重死罪了。天下的君子对于这个,都知道说它不对,都称它为不义。但是现在最不义的事为攻打别人的国家,他们反不知道去反对,反而赞美它,称它合乎义,这实在因为他们不知道这是一件不义的事啊!所以他们尚要将这些话记下来,传给后世的人。倘若他们知道这是不合乎义的,他们何至于将这些不义的事记下来,传给后世呢?

今有人于此,少见黑曰黑,多见黑曰白,则以此人不知白黑之辨矣;少尝苦曰苦,多尝苦曰甘,则必以此人为不知甘苦之辨矣。今小为非,则知而非之;大为非攻国,则不知非,从而誉之,谓之义。可为[1]知义与不义之辨乎?是以知天下之君子也,辨义与不义之乱也。

---

[1] 原注:一本作"谓"。

现在假若此地有一个人，少看见些黑色就说是黑色，多看见些黑色反说是白色，大家必定以为此人不能分辨黑白；少尝一点苦的，知道说是苦的，更多尝些苦的后，反说这是甜的，大家必定要以为此人是不能分辨甘苦的了。现在小为非分，大家都知道说他不对；大为非分，攻打别人的国家，大家就不知道说他不对，反而赞美他，称他为有义。这样可以算得知道义与不义的分别吗？于此可以知道天下的君子未曾将义与不义分析清楚。

非攻 中

子墨子言曰:"古者王公大人,为政于国家者,情欲誉之审,赏罚之当,刑政之不过失。……[1]"是故子墨子曰:"古者有语:谋而不得,则以往知来,以见知隐。谋若此,可得而知矣。"

墨子说:"当今的王公大臣,掌理国政的,果真想毁誉精审,赏罚适当,刑政没有过失。……"所以墨子说:"古人有句名言说:谋划不到,则用以往的来推知将来的,用明显的推测隐微的。如此谋划,凡事都可以知道了。"

今师徒惟毋兴起,冬行恐寒,夏行恐暑,此不可以冬夏为者也。春则废民耕稼树艺,秋则废民获敛。今惟毋废一时,则百姓饥寒冻馁而死者,不可胜数。今尝计军上竹箭、羽旄、幄幕、甲盾、拨劫,往而靡弊腑冷不反者,不可胜数。又与矛、戟、戈、剑、乘车,其列往[2]碎折靡弊而不反者,不

---

[1] 原注:以下有脱文。
[2] 原注:旧作"列住",以意改。

可胜数。与其牛马肥而往,瘠而反,往死亡而不反者,不可胜数。与其涂道之修远,粮食辍绝而不继,百姓死者,不可胜数也。与其居处之不安,食饭之不时,饥饱之不节,百姓之道疾病而死者,不可胜数。丧师多不可胜数,丧师尽不可胜计,则是鬼神之丧其主后,亦不可胜数。

现在若起兵出征,冬天行军恐怕太冷,夏天行军恐怕太热,冬夏二季都于行军不宜。春天若出兵,人民就不能从事耕种,秋天若出兵,人民就不能从事收获,春秋二季也都不宜于行军。现在无论在何时行军,都足以荒废农业,以致百姓饥寒冻饿而死的,不可胜数。现在试计算一下,出兵时所用的竹箭、羽旄、帐幕、铠甲、大小盾牌以及刀把等,去了都弊坏腐烂,不可收回的,不可胜数。以及戈矛、剑戟、兵车,去后都碎折破坏,不可以收回的,不可胜数。牛马出去时都很肥壮,回来时一齐瘦瘠,至于被打死不得回来的,也不可胜数。战争时道路遥远,粮食的运输有时断绝不继,百姓因此饿死的,也不可胜数。战争时人民居处都不安定,饮食不守常规,饥饱没有节度,百姓在道路上生病而死的,也不可胜数。军士阵亡的不可胜数,鬼神因此乏人祭祀的也不可胜数。

国家发政,夺民之用,废民之利,若此甚众,然而何为为之？曰:"我贪伐胜之名,及得之利,故为之。"子墨子言曰:"计其所自胜,无所可用也;计其所得,反不如所丧者之多。"

国家从事攻战,夺人民的财用,荒废人民的利益,是如此之巨,然而究竟为什么要这样做呢？道:"我贪战胜的威名,获得土地的利益,所以要这样做。"墨子说:"计算其所胜的,实在毫无用处;计算其所获得的,反不及他所丧失的多。"

今攻三里之城,七里之郭,攻此不用锐,且无杀,而徒得此然也。杀人多必数于万,寡必数于千,然后三里之城,七里之郭,且可得也。今万乘之国虚数于千,不胜而入,广衍数于万,不胜而辟。然则土地者,所有余也,王民者,所不足也。今尽王民之死,严下上之患,以争虚城,则是弃所不足,而重所有余也。为政若此,非国之务者也。

现在若攻打一个三里周围的城,七里周围的外城,若不须用精锐,且无须杀人,就可以攻陷,这还可以。但是现在攻城时,杀人多的必定上万,少的也必定上千,然后一个三里周围的城,七里周围的外城,方才能够攻下。当今万乘之国所有荒废的城上千,不胜攻打;所有广大的土地上万里,不胜开辟。可见土地是有多余的,人民则不足。现在尽驱士民死战,以争荒废的城,使上下的忧患更加严重,这乃是摈弃其所不足的,以增进其有余的。如此为政,实非治国之要务。

饰攻战者言曰:"南则荆、吴之王,北则齐、晋之君,始封于天下之时,其土之方,未至有数百里也,人徒之众,未至有数十万人也。以攻战之故,土地之博,至有数千里也,人徒之众,至有数百万人。故当攻战而不可为也。"子墨子言曰:"虽四五国则得利焉,犹谓之非行道也。譬若医之药人之有病者然,今有医于此,和合其祝药之于天下之有病者而药之。万人食此,若医四五人得利焉,犹谓之非行药也。故孝子不以食其亲,忠臣不以食其君。古者封国于天下,尚者以耳之所闻,近者以目之所见。以攻战亡者,不可胜数。"

替攻战辩饰的说:"南方如楚、吴的国王,北方如齐、晋的君主,他们初受封号于天下之时,土地尚不及数百里,人民尚不到数十万人。就是因为攻战的缘故,土地得以扩充至数千里,人民得以增加至百万人。所以我们应当攻战,攻战是不可以反对的。"墨子说:"虽然有四五国因战争攻伐而获利,仍不得不称攻战为非常行之道。有如医生开药给病人吃一样,现在假使此地有一个医生,祷祝念咒,开些药给天下有病的人吃。一万个人吃后,若其中有四五人的病被治好,这药仍不能算得是灵药。所以孝子不将这种药拿去给他的父母吃,忠臣不将这药拿去给他的国君吃。古代天下的封国,时代远的由于耳之所闻,近代的由于亲眼看见,因为攻战而亡国的,不可胜数。"

何以知其然也?东方有莒之国者,其为国甚小,间于大国之间。不敬事于大,大国亦弗之从而爱利,是以东者越人夹削其壤地,西者齐人兼而有之。计莒之所以亡于齐、越之间者,以是攻战也。虽南者陈、蔡,其所以亡于吴、越之间者,亦以攻战。虽北者且一、不著何,其所以亡于燕、代、胡、貊之间者,亦以攻战也。是故子墨子言曰:"古者王公大人,情欲得而恶失,欲安而恶危,故当攻战,而不可不非。"

何以知道如此呢？东方有个莒国,莒国甚小,而处于齐、越两大国之间。它不敬事大国,大国也不爱护它,不援助它,所以东面的越人侵略它的疆土,西面的齐人将它兼并占领。细察莒之所以亡于齐、越之间者,就是因为它爱攻战啊。虽是南面的陈和蔡,所以被吴、越灭亡,也是因为该二国崇尚攻战。虽北方的柤与不屠何[1]二国,其所以为燕、代、胡、貊所灭者,也是因为它们崇尚攻战。所以墨子说："当今王公大臣,果真想获得利益而憎恶损失,想安定而憎恶危险,对于攻战是不可以不加以反对的。"

饰攻战者之言曰："彼不能收用彼众,是故亡；我能收用我众,以此攻战于天下,谁敢不宾服哉？"子墨子言曰："子虽能收用子之众,子岂若古者吴阖闾哉？"古者吴阖闾,教七年,奉甲执兵,奔三百里而舍焉。次注林,出于冥隘之径,战于柏举,中楚国而朝宋与及鲁。至夫差之身,北而攻齐,舍于汶上,战于艾陵,大败齐人,而葆之大山,东而攻越,济三江五湖,而葆之会稽。九夷之国,

---

[1] 原注:国名,故城在今奉天锦县西北。编者按:锦县现名凌海市。

莫不宾服。于是退不能赏孤，施舍群萌，自恃其力，伐其功，誉其志，怠于教。遂筑姑苏之台，七年不成。及若此，则吴有离罢之心。越王勾践视吴上下不相得，收其众以复其仇，入北郭，徙大内，围王宫，而吴国以亡。

为攻战辩饰的又说："他们因为不会处理他们的士卒，所以灭亡；我会处理我的士卒，以此攻战于天下，谁敢不服从我呢？"墨子说："你虽会处理你的士卒，你比得上古时的吴王阖闾吗？"古时吴王阖闾训练他的士卒，历时七年，士卒都勇武多力，能穿着铠甲，持着兵器，奔走三百里的路程，然后再停下来休息。攻打楚国时，驻军于注林，取路于冥隘要道，战于柏举，占领楚国中央的国都，降服宋国与鲁国。及至吴王夫差即位，北面去攻打齐国，驻军汶上，在艾陵一战，大败齐人，保有泰山，东面去攻打越国，渡过三江五湖，保有会稽山。淮夷之国都降服。战罢班师回国后，不赏战死的士卒的妻子，也不布恩德于民众，但自恃武力，矜夸自己的功业，自恃聪明，不勤于教练民众。遂建筑姑苏台，历时七年，尚未造成。至此吴人都有离散困顿之心。越王勾践见吴国君臣上下不相得，乃收集他的士卒，报复旧仇，攻破吴国，军队开进北郭，将吴王的大船搬走，围困王宫，而吴国遂因此灭亡。

昔者晋有六将军，而智伯莫为强焉，计其土地之博，人徒之众，欲以抗诸侯，以为英名，攻战之速，故差论其爪牙之士，皆列舟车之众，以攻中行氏而有之。以其谋为既已足矣，又攻兹范氏而大败之，并三家以为一家而不止，又围赵襄子于晋阳。及若此，则韩、魏亦相从而谋曰："古者有语：唇亡则齿寒。赵氏朝亡，我夕从之；赵氏夕亡，我朝从之。《诗》曰：鱼水不务，陆将何及乎？"是以三主之君，一心戮力，辟门除道，奉甲兴士，韩、魏自外，赵氏自内，击智伯，大败之。

从前晋国有六位将军，其中以智伯为最强盛。他度量他的土地广大，人民众多，乃想抗拒诸侯，以为用攻战的方法最快，于是指定他的谋臣战将，分派他的舟车人众，去攻打中行氏。将中行氏灭却，自以为得计，又去攻打范氏，将范氏打得大败，合并三家为一家，仍不肯知足，不就此停止，又去攻打赵襄子，围困晋阳城。至此，韩襄子与魏宣子也一齐打主意道："古代有句谚语说：嘴唇若没有了，牙齿也就要寒冷。赵氏若在早晨亡了，我们在晚上也要随着灭亡；赵氏若在晚上被灭了，我们第二天早晨也便要随着灭亡。《诗经》上说：鱼在水中不趁早游去，被捉到陆地上，尚来得及懊悔吗？"计议既定，赵、韩、魏三家同心勠力,合攻智氏,攻打城门,开辟道路,荷负兵甲,积土攻城,韩、魏二家的兵在外面攻打,赵襄子在内里接应,合攻智伯,智伯大败。

是故子墨子言曰:"古者有语曰:君子不镜于水而镜于人。镜于水,见面之容;镜于人,则知吉与凶。今以攻战为利,则盖尝鉴之于智伯之事乎?此其为不吉而凶,既可得而知矣。"

所以墨子说:"古代有一句名言说:君子不用水做镜子来照自己,君子用人做镜子来照自己。用水来照自己,但能看出容貌的美丑;用人来做借鉴,可以知道吉凶祸福。现在若以攻战为有利,何不用智伯以往的做借鉴呢?如智伯以攻战失败,得到凶祸,这不是我们都知道的吗?"

非攻 下

子墨子言曰：今天下之所誉善者，其说将何为？其上中天之利，而中中鬼之利，而下中人之利，故誉之与？意亡非为其上中天之利，而中中鬼之利，而下中人之利，故誉之与？虽使下愚之人，必曰："将为其上中天之利，而中中鬼之利，而下中人之利，故誉之。"

墨子说：当今天下人都称赞贤人，这是为什么呢？因为他能上为上天求利益，中为鬼神求利益，下为人民求利益，所以大家称赞他呢？还是因为他所行的事，上对于上天没有利益，中对于鬼神没有利益，下对于人民没有利益，大家才称赞他呢？虽最愚笨的人，都要这样说："因为他所行的事，上对于天有利，中对于鬼神有利，下对于人民有利，所以要称赞他。"

今天下之所同义者，圣王之法也。今天下之诸侯将犹多皆免攻伐并兼，则是有誉义之名，而不察其实也。此譬犹盲者之与人，同命白黑之名，而不能分其物也，则岂谓有别哉？是故古之知者之为天下度也,必顺虑其意,而后为之行。是以动则不疑速通,成得其所欲,而顺天、鬼、百姓之利,则知者之道也。是故古之仁人有天下者,必反大国之说,一天下之和,总四海之内,焉率天下之百姓以农,臣事上帝山川鬼神。利人多,功故又大,是以天赏之,鬼富之,人誉之,使贵为天子,富有天下,名参乎天地,至今不废。此则知者之道也。先王之所以有天下者也。

现在天下人所共同以为合乎义的,是圣王的法则。但是当今天下的诸侯,仍都从事于攻战兼并,这所谓但有誉义之虚名,而实际上却不能分别义与不义。这譬如瞎子知道白与黑的名称,而不能分辨白与黑的物件,这岂能算得有别呢?所以古代智者为天下设计,必先考虑此事是否合乎义,然后再去做这件事。所以计议已定,动作毫不迟疑,事情既成,远近的人无不满意,对于上天、鬼神、人民都有莫大的利益,这乃是智者所行之道。古者仁义之人治理天下的,必定要结交大国,敦睦邦交,令天下和谐没有争斗,统一四海之内的地方,然后率领着天下的百姓务农,勉力地去奉事上帝、山川、鬼神。因为他利人既多,功业又大,所以上天赏赐他,鬼神使他富足,众人都赞美他,使他贵为天子,富有天下,声名与天地并列,至今不衰。这才是智者所行之道。先王行此,所以能够保有天下。

今王公大人、天下之诸侯则不然,将必皆差论其爪牙之士,皆列其舟车之卒伍,于此为坚甲利兵,以往攻伐无罪之国,入其国家边境,芟刈其禾稼,斩其树木,堕其城郭,以湮其沟池,攘杀其牲牷,燔溃其祖庙,劲杀其万民,覆其老弱,迁其重器。卒进而柱乎斗,曰:"死命为上,多杀次之,身伤者为下。又况失列北挠乎哉,罪死无赦!"以譂其众。夫无兼国覆军,贼虐万民,以乱圣人之绪。

当今的王公大人、天下的诸侯就不如此,他们必定要指定他们的谋臣战将,分派他们的舟车队伍,预备下坚固的铠甲、锐利的兵器,去攻打无罪的国家,攻入该国的边境,割去稻麦,砍倒树木,将城郭冲倒,将沟池填塞,将牲口夺去杀了,祖庙放火烧了,人民都遭屠杀,老弱齐被歼灭,将宝重之器一齐搬走。鼓励兵士出力死战,说:"战死者为上,多杀敌人者次之,身受伤者为下。至于不守行列、奔走逃亡者,罪死无赦!"用这话来威吓兵士。这无非是要兼并他国,歼灭敌军,贼害人民,以乱圣人所遗下的功业罢了。

意将以为利天乎？夫取天之人，以攻天之邑，此刺杀天民，剥振神之位，倾覆社稷，攘杀其牺牲，则此上不中天之利矣。意将以为利鬼乎？夫杀之人，灭鬼神之主，废灭先王，贼虐万民，百姓离散，此则中不中鬼之利矣。意将以为利人乎？夫杀之人，为利人也博矣，又计其费，此为周生之本，竭天下百姓之财用，不可胜数也，则此下不中人之利矣。

或者以为攻战有利于上天吗？聚集天生的人民，去攻打天创的国家，这乃是杀死上天的人民，分裂神定的制度，覆灭宗庙社稷，抢夺六畜牲口，这对于天是有害无利的。或者以为攻战有利于鬼神吗？攻战杀死天生的人民，歼绝鬼神的祭主，废灭先王之道，贼害万民，使百姓流离分散，这对于鬼神是有害无利的。或者以为攻战有利于人民吗？攻战须杀人，而杀人一事为利是很薄的，并且计算攻战所需的费用，实在有害于民生，耗费天下百姓的财用不可胜数，这对于人民也是有害无利的了。

今夫师者之相为不利者也，曰将不勇，士不分，兵不利，教不习，师不众，率不利和，威不围，害之不久,争之不疾,孙之不强,植心不坚,与国诸侯疑,与国诸侯疑,则敌生虑而意赢矣。偏具此物而致从事焉,则是国家失卒,而百姓易务也。

现在若出兵攻战,有数点对于行军不利的,就是将帅不勇武,士卒不力战,兵器不锐利,训练不熟悉,军队不多,将领失和,施于敌人的威胁不足,围困敌人不长久,约束人民不周到,人心易于离散,同盟诸国互相猜疑,以致敌人乘隙设计进攻,士气不振,必定要失败的。若遍具上述的缺点,遂从事攻战,国家必定要损失士卒,百姓也要荒废他们的职业。

今不尝观其说好攻伐之国?若使中兴师,君子庶人也,必且数千,徒倍十万,然后足以师而动矣。久者数岁,速者数月。是上不暇听治,士不暇治其官府,其农夫不暇稼穑,妇人不暇纺绩织纴,则是国家失卒,而百姓易务也。然而又与其车马之罢弊也,幔幕帷盖,三军之用,甲兵之备,五分而得其一,则犹为序疏矣。然而又与其散亡道路,道路辽远,粮食不继傺,食饮之时,厕役以此饥寒冻馁疾病,而转死沟壑中者,不可胜计也。

此其为不利于人也，天下之害厚矣。而王公大人乐而行之，则此乐贼灭天下之万民也，岂不悖哉？今天下好战之国，齐、晋、楚、越。若使此四国者得意于天下，此皆十倍其国之众，而未能食其地也，是人不足而地有余也。今又以争地之故而反相贼也，然则是亏不足而重有余也。

现在你们不试看喜欢攻战的国家？他们若但少调动些军队，军官若但有数百人，庶人就须用数千人，兵士就一定要用十几万人，然后方才可以出动。历时久的须数年，快的也得几个月。官吏无暇办公，士人无暇视事，农夫无暇耕种，妇人无暇纺织，所以国家损失士卒，百姓也荒废了职业。至于兵车战马，都因攻战而弊坏损伤，帐幕惟盖、三军的用具、兵甲的设施，若能收回五分之一，都算得是多的。人民因道路遥远而流离失散，或因食粮缺乏，饥寒冻饿，疾病丛生，死后尸体不得葬埋，弃入沟中的，不可胜数。这岂但不利于人，实在是天下最大的祸患。然而王公大人们都喜欢攻战，这无异于喜欢贼害毁灭天下的人民，这还不昏悖无理吗？当今天下好攻战的国有四，即齐、晋、楚、越四国。若使此四国得意于天下，令其土地十倍于人民，所需荒地既多，人民不能尽耕，可见人民不足，土地有余。现在若又以争地的缘故互相贼害，这乃是亏损其不足的，以增加其有余的了。

今还夫好攻伐之君，又饰其说以非子墨子曰："以攻伐之为不义，非利物与？昔者禹征有苗，汤伐桀，武王伐纣，此皆立为圣王，是何故也？"子墨子曰："子未察吾言之类，未明其故者也。彼非所谓攻，谓诛也。"

现在一般好攻战的国君，又用巧辩来驳墨子道："你以攻战为不义，攻战不是很有利于人的吗？从前禹曾攻打有苗，汤曾讨伐桀，武王曾讨伐纣，此数人后皆立为圣王，这是什么缘故呢？"墨子说："你不曾辨清我说的话，你不曾明了这个事情。他们并不是攻战无罪之国，乃是诛讨有罪之国。"

昔者有三苗大乱，天命殛之，日妖宵出，雨血三朝，龙生于庙，犬哭乎市，夏冰，地坼及泉，五谷变化，民乃大振。高阳乃命玄宫，禹亲把天之瑞令，以征有苗。四电诱祗，有神人面鸟身，若瑾以侍，搤矢有苗之祥[1]。苗师大乱，后乃遂几。禹

---

[1] 编者按：此句缺译解，联系上下文似可补"用箭射死有苗的将领"。

既已克有三苗,焉磨为山川,别物上下,卿制大极,而神民不违,天下乃静。则此禹之所以征有苗也。

当初三苗大乱,上天命将之处死,那时夜里有妖怪出现,连着下了三天血雨,庙内发现一条龙,市上有狗啼哭,夏天发大水,地裂开,泉水涌出,五谷都有奇异的变态,人民于是大为震恐。高阳乃在玄宫授禹训令,令其去征讨有苗,禹亲自执着天赐的玉制的符令,去征讨有苗。雷电震惊,有位人面鸟身的神人,捧着珪玉在等候。有苗的兵大惊,都四散败走,三苗的后世自此就衰微了。禹既平服三苗,乃分离山川,类别高下,直至四方极远的国,于是鬼神与人民都和谐,天下平静。这乃是禹征讨三苗的历史。

还至乎夏王桀,天有辂[2]命,日月不时,寒暑杂至,五谷焦死,鬼呼国,鹤鸣十夕余。天乃命汤于镳宫:"用受夏之大命。夏德大乱,予既卒其命于天矣,往而诛之,必使汝堪之。"汤焉敢奉率其众,是以乡有夏之境。帝乃使阴暴毁有夏之城。

---

[2] 原注:"辂"当是"诰"字。

少少有神来告曰:"夏德大乱,往攻之,予必使汝大堪之。予既受命于天,天命融隆火于夏之城间西北之隅。"汤奉桀众以克有属诸侯于薄,荐章天命,通于四方,而天下诸侯,莫敢不宾服。则此汤之所以诛桀也。

及至夏王桀时,天降诰命诛戮他,那时日月不时,寒暑反常,五谷都枯死,国内有鬼呼叫,又有仙鹤哀鸣,历时十余日。上天乃命汤于镳宫,说:"接受夏朝的正统。因为夏德衰乱,我在天上已将他的命运斩断,你去讨伐他,我必定使你胜利。"汤既受天命,乃敢起兵去征讨夏桀。天帝乃降暴风雨,毁坏夏人的城。稍后有个神人来告诉汤道:"夏德衰乱,去攻打他,我必定使你大获胜利。我已受命于天,天命祝融降火于夏的西北城角。"汤既克服了夏,乃在薄地汇合诸侯,表明天命,传达于四方,而天下诸侯都莫敢不臣服。这乃是汤诛讨夏桀的事实。

还至乎商王纣,天不序其德,祀用失时,兼夜中十日雨土于薄,九鼎迁止,妇妖宵出,有鬼宵吟,有女为男,天雨肉,棘生乎国道,王兄自纵也。赤乌衔珪,降周之岐社,曰:"天命周文王伐殷有国。"泰颠来宾,河出绿图,地出乘黄。武王践功,梦见三神曰："予既沈渍殷纣于酒德矣，往攻之，予必使汝大堪之。"武王乃攻狂夫，反商之周。天赐武王黄鸟之旗。王既已克殷，成帝之来，分主诸神，祀纣先王，通维四夷，而天下莫不宾。焉袭汤之绪，此即武王之所以诛纣也。若以此三圣王者观之，则非所谓攻也，所谓诛也。

及至商王纣时，上天对于他的行事不满，因为那时祭祀失时，在薄地有泥土从天上降下，连下了十天，九个鼎自己会移动，夜中有女妖出现，有鬼怪叹息，有个女子化身为男子，天空中落下肉来，大路上忽生荆棘，有这种种的怪异发生，然而商王纣越加放纵。于是有只红色的鸟，口衔珪玉，降落在周的岐社中，玉上写着："上帝命周文王去讨伐殷。"泰颠来为臣，河中浮出图书，地中涌出乘黄[1]。武王即位时，梦见三位神人向他说道："我已经使殷纣沉溺于酒中，你去攻打他，我必定令你大获胜利。"武王乃出兵进攻，灭商兴周。天赐武王黄鸟的旗帜。武王既已克了殷，乃即位为天子，令诸侯分祭纣的祖先，政教通于四方，天下莫不臣服。武王乃得继承商汤的功业，这乃是武王诛讨纣的历史。若从这三位圣王看来，就知道他们所用

---

[1] 原注：马名。

的不是攻战无罪的国，乃是诛讨有罪的国。

则夫好攻伐之君，又饰其说以非子墨子曰："子以攻伐为不义，非利物与？昔者楚熊丽始讨此睢山之间，越王繄亏出自有遽，始邦于越，唐叔与吕尚邦齐、晋，此皆地方数百里。今以并国之故，四分天下而有之，是故何也？"子墨子曰："子未察吾言之类，未明其故者也。古者天子之始封诸侯也，万有余；今以并国之故，万国有余皆灭，而四国独立。此譬犹医之药万有余人，而四人愈也。则不可谓良医矣。"

但是喜欢攻战的国君，又要文饰他们的巧辩来驳墨子道："你以为攻战不合于义，但是攻战不是对于人很有利益的吗？当初楚世子熊丽初封于睢山之间，越王繄亏出自有遽，初定国于越，唐叔受封于晋，吕尚受封于齐，地方都不过数百里。因为兼并他国的缘故，现在四国平分天下，这是何故呢？"墨子说："你不曾辨清我话中的意义，你不曾明了这个事。古时天子初封诸侯，受封的凡万有余国；到如今因为兼并他国的缘故，这上万个国都灭亡了，唯有这四国独自存在。这譬如医生开药给上万个人吃，其中只有四个人吃了见效，这就不能算得是好医生。"

则夫好攻伐之君又饰其说曰:"我非以金玉、子女、壤地为不足也,我欲以义名立于天下,以德求诸侯也。"子墨子曰:"今若有能以义名立于天下,以德求诸侯者,天下之服,可立而待也。"

但是喜欢攻战的国君,又要文饰他们的巧辩来驳墨子道:"我并非因为不满足我的金玉财宝、人民和土地,我乃是想以仁义之名立于天下,以德来使诸侯归向我。"墨子说:"当今假使有人能以仁义之名立于天下,以德怀柔诸侯,使其归向于己,则天下可以立刻服之。"

夫天下处攻伐久矣,譬若传子之为马然。今若有能信效先利天下诸侯者,大国之不义也,则同忧之;大国之攻小国也,则同救之;小国城郭之不全也,必使修之;布粟之绝则委之,币帛不足则共之。以此效大国,则小国之君说。人劳我逸,则我甲兵强。宽以惠,缓易急,民必移。易攻伐,以治我国,攻必倍。量我师举之费,以争诸侯之毕,则必可得而序利焉。督以正,义其名,必务宽吾众,信吾师,以此授诸侯之师,则天下无敌矣,其为下不可胜数也。此天下之利,而王公大人不知而用,则此可谓不知利天下之巨务矣。

因为天下人受攻战的困苦,为时已甚长久,有如小孩子装马跑戏耍,用力过甚,觉得疲劳了。当今的诸侯若有人能以信义相交,以利人为急务,大国若不讲道义,大家就共同去干涉;大国若攻打小国,大家就共同去援救;小国的城郭若不完固,就为之修理;布和粟米若缺乏,就设法周济;货币、布帛不足,就设法供给。若这样去结交大国,小国之君也必定欢喜。别人劳困,而我闲逸,我的兵甲就可以充实增强。行宽惠之政,不峻急严刻,人民必定归向。治国不从事攻战,结果必能收加倍的功效。度量我起兵的费用,以争诸侯之困顿者,如此必可获厚利。以公正督率下人,以义名立于天下,待民众务必要宽厚,训练士卒,要使其守信,以此去引导诸侯的军队,就可以无敌于天下了,也可以使天下人受到无穷的利益。对于天下如此有利,然而王公大人不知道去做,可见得他们不知道这事对于增进天下的利益,其关系之重大。

是故子墨子曰:"今且天下之王公大人士君

子，中情将欲求兴天下之利，除天下之害，当若繁为攻伐，此实天下之巨害也。今欲为仁义，求为上士，尚欲中圣王之道，下欲中国家百姓之利，故当若非攻之为说，而将不可不察者此也。"

所以墨子说："当今天下的王公大人和士君子，心中果真想为天下图利益，为天下除祸患，若仍从事攻战，这实在是天下最大的祸患。现在若要行仁义，做上等的士人，上要合乎圣王之道，下要有利于国家和民众，那对于反对攻战的学说，是不可以不细加审察的。"

节用 上

圣人为政一国，一国可倍也；大之为政天下，天下可倍也。其倍之，非外取地也，因其国家，去其无用，足以倍之。圣王为政，其发令兴事，使民用财也，无不加用而为者，是故用财不费，民德不劳，其兴利多矣。

圣人若治理一国，则一国可得加倍的财富；圣人若治理天下，则天下可得加倍的财富。其所以能够如此者，并非向外扩展土地，乃是就着本国内里，省去无用的费用，就足够将财富增加一倍了。圣王之治理天下，诸凡发一号令，创办一事，以及役使人民，使用钱财，没有一件事不是对于人民有用的，然后才去做，所以用财不靡费，人民也不劳苦，他增加的财富真多了。

其为衣裘何以为？冬以圉寒，夏以圉暑。凡为衣裳之道，冬加温，夏加凊者，芊𪓐不加者去之。其为宫室何以为？冬以圉风寒，夏以圉暑雨，有盗贼加固者，芊𪓐不加者去之。其为甲盾五兵何以为？以圉寇乱盗贼。若有寇乱盗贼，有甲盾五兵者胜,无者不胜。是故圣人作为甲盾五兵,凡为甲盾五兵,加轻以利,坚而难折者,芊鉏不加者去之。其为舟车何以为？车以行陵陆,舟以行川谷,以通四方之利。凡为舟车之道,加轻以利者,芊鉏不加者去之。凡其为此物也,无不加用而为者,是故用财不费,民德不劳,其兴利多。

　　圣人为何要做衣服呢？因为衣服冬天可以抵御寒气,夏天可以抵御热气。所以衣裳的功用,冬天使人温暖,夏天使人清凉,至于式样华美,而无实用的,都一律不要。圣人为何要造房屋呢？因为屋宇冬天可以抵御风寒,夏天可以抵御霖雨暑热,并且可以防备盗贼,至于屋宇徒有外表好看,而无实用的,都一律不要。圣人为何要治铠甲、盾牌以及其他五种兵器[1]呢？是要用来抵御匪寇盗贼的。若有匪寇盗贼来时,有铠甲、盾牌和这五种兵器的,就可以战胜,不然必定不能够胜。所以圣人才制造铠甲盾牌和这五种兵器,无非要它们轻便锐利,坚固难折坏。至于外表好看,无益于实用的,都一概不要。圣人为何要造车子和船呢？因为陆地的交通倚仗车子,水路的交通倚仗船只,车子和船对于四方交通和运输,有莫大的利

---

[1] 原注:指戈、殳、戟、酋矛和夷矛。

益。所以凡是造车子和船的,但求其轻巧便利,至于外表好看,无益于实用的,都一律不要。圣人造这些东西——衣裳、屋宇、兵甲、舟车等,无一不是因其有用,然后才去造它们,所以圣人用财不靡费,人民得以不劳苦,所增加的财富真多了。

有去大人之好聚珠玉、鸟兽、犬马,以益衣裳、宫室、甲盾、五兵、舟车之数,于数倍乎!若则不难,故孰为难倍?唯人为难倍。

王公大人们喜欢搜集珠玉、鸟兽、犬马等玩好,他们又将这类的费用省去,用来添置衣裳、屋宇、铠甲、盾牌、五种兵器,以及车子和船,所以这些有用的东西自然倍增了。但是这些东西的出产,并不难使之倍增,什么难使之倍增呢?唯有人口难倍增。

然人有可倍也。昔者圣王为法,曰:"丈夫年二十,毋敢不处家;女子年十五,毋敢不事人。"此圣王之法也。圣王既没,于民次也。其欲蚤处家者,有所二十年处家;其欲晚处家者,有所四十年处家。以其蚤与其晚相践,后圣王之法十年。若纯三年而字,子生可以二三年矣。此不惟使民蚤处家而可以倍与?

　　然而人口也可以倍增。从前圣王定法,道:"男子二十岁,不许不成家;女子十五岁,不许不嫁人。"这乃是圣王立下的法度。圣王既去世,后世的人君任百姓为所欲为。百姓要早成家的,有时二十岁时就成家了;要迟成家的,有时四十岁时方才成家。以早、迟二者的年龄平均起来,较圣王法定的年龄要迟十年。假若都三年生一个孩子,这十年当中就可多生两三个孩子了。这岂非使百姓早成婚而可以令人口倍增吗?

　　且不然已。今天下为政者,其所以寡人之道多,其使民劳,其籍敛厚,民财不足,冻饿死者,不可胜数也。且大人惟毋兴师以攻伐邻国,久者终年,速者数月,男女久不相见,此所以寡人之道也。与居处不安,饮食不时,作疾病死者,有与侵就湲櫜,攻城野战死者,不可胜数。此不令为政者所以寡人之道,数术而起与?圣人为政特无此。不圣人为政,其所以众人之道,亦数术而起与?故子墨子曰:"去无用,之圣王之道,天下之大利也。"

并且不只是迟婚影响人口的繁殖。当今天下一班执政者，做许多事都使人口逐渐减少，比如他们役使人民过度，使人民劳苦而死，或是征的赋税太重，以致人民财用不足，冻饿而死的，不可胜数。王公大人们若更起兵去攻打邻国，历时久的经年不解，快的也得几个月，男女隔绝，久不相见，这都足以使人口减少。至于因居处不安定和饮食没有一定的时候生病而死的，以及因举火攻城或在旷野作战而被打死的，都计算不清。这不都是因为当今执政者行许多方法，使人口减少吗？圣人治理天下，正与此相反。他不做这类害民的事情，所以他有许多的方法足以使人口增加。所以墨子说："除去没有实用的事情，行圣王之道，这对于天下是有极大的利益的。"

节 用 中

子墨子言曰:"古者明王圣人所以王天下、正诸侯者,彼其爱民谨忠,利民谨厚,忠信相连,又示之以利,是以终身不餍,殁世而不卷。古者明王圣人,其所以王天下、正诸侯者,此也。"

墨子说:"古代圣王之所以能够统一天下,匡正诸侯,因为他们爱护人民,极其忠实,对于人民所施的福利极其深厚,非但忠诚信义,并且又使人民有相当的利益可图,所以人民对于圣王,终其身未尝感觉厌倦。古时的圣王,其所以能够统一天下,匡正诸侯,无非因为受人民的拥戴。"

是故古者圣王制为节用之法,曰:"凡天下群百工,轮车鞼匏,陶冶梓匠,使各从事其所能,曰凡足以奉给民用,则止。"诸加费不加于民利者,圣王弗为。

所以古代圣王定下节用之法,道:"天下百工,举凡造车子的、造车轮的、制皮革的、烧陶器的、铸五金的、当木匠的,都各自从事自己所专长的技艺，只要足以供给民用。"至于增加费用，使外表美观，而对于人民实际上并未增添任何利益者，圣王一概不令人做。

古者圣王制为饮食之法，曰："足以充虚继气，强股肱，耳目聪明，则止。不极五味之调、芬香之和，不致远国珍怪异物。"何以知其然？古者尧治天下，南抚交址，北降幽都，东西至日所出入，莫不宾服。逮至其厚爱，黍稷不二，羹胾不重，饭于土塯，啜于土形，斗以酌，俯仰周旋威仪之礼，圣王弗为。

古代圣王制定饮食之法，道："但求其能充饥，添补气力，增强四肢，使耳目聪明，仅此而已。不考究调和五味，使气味芳香，不去搜求远方珍贵奇异的食物。"何以知道如此呢？古时尧治理天下，南面绥抚交址，北方接近幽都[1]，东西直到太阳出入的地方，人民莫不归服。然而尧仍非常爱惜财物，黍稷只有一样，细切的肉也没有第二份，用瓦器盛饭吃，用泥烧的杯子盛水喝，饮酒时用木勺来斟，只要进退周旋合于礼节，至

---

［1］ 原注：今山西雁门以北的一带的地方。

于要增加费用,而对于人民实用上却未增添任何利益者,圣王是不做的。

古者圣王制为衣服之法,曰:"冬服绀緅之衣,轻且暖,夏服绤绤之衣,轻且清,则止。"诸加费不加于民利者,圣王弗为。

古代圣王制定衣服之法,道:"冬天穿青红色或浅黑色的衣服,取其轻暖,夏天着粗葛或细麻制的衣服,取其凉爽,仅此而已。"至于花更多的费用,使式样美观,而于人民实用上却未增添任何利益者,圣王是不做的。

古者圣人为猛禽狡兽暴人害民,于是教民以兵行,日带剑,为刺则入,击则断,旁击而不折,此剑之利也。甲为衣,则轻且利,动则兵且从,此甲之利也。车为服重致远,乘之则安,引之则利,安以不伤人,利以速至,此车之利也。古者圣王,为大川广谷之不可济,于是利为舟楫,足以将之则止。虽上者三公、诸侯至,舟楫不易,津人不饰,此舟之利也。

古代圣王因见凶猛的禽兽伤害人民，于是乃教人民使用兵器，整日都携带刀剑，剑所刺必洞穿，所击必折断，可以旁击而剑不折断，这乃是剑的用处。铠甲穿在身上，甚轻巧便利，并且动作时屈伸自如，这乃是铠甲的用处。车子可以载重的东西，达到极远的地方，乘在上面很安适，驾驭时也很便利，既安适则不致伤人，既便利则可以迅速到达，这乃是车子的用处。圣王因为大河流同阔的山涧不能够渡过，于是乃造船只，仅求其求能渡人过水。虽是三公和诸侯来乘船时，船和桨仍旧是一样的，掌渡的人也不额外地来修饰船只，这乃是船的用处。

古者圣王制为节葬之法，曰："衣三领，足以朽肉；棺三寸，足以朽骸；堀穴深不通于泉，流不发泄则止。死者既葬，生者毋久丧用哀。"

古代圣王制定节葬之法，道："只用三套衣服，使死者的肌肉容易腐化；用三寸厚的棺材，使死者的骸骨易于朽败；墓穴的深度不到地下有泉水的地方，上面但掩盖住，使气不得发泄出来就行了。死者既已下葬，生者不得久守丧。"

古者人之始生，未有宫室之时，因陵邱堀穴

而处焉。圣王虑之,以为堀穴曰,冬可以避风寒,逮夏,下润湿,上熏烝,恐伤民之气,于是作为宫室而利。然则为宫室之法,将奈何哉?子墨子言曰:"其旁可以圉风寒,上可以圉雪霜雨露,其中蠲洁,可以祭祀,宫墙足以为男女之别则止。"诸加费不加民利者,圣王弗为。

在古代,当人类初生,尚未有屋宇时,人都就着山丘掘穴洞,住在里面。圣王很忧虑,以为洞穴但可以冬天避风寒,一到夏季,下面潮湿气重,上面暑气熏蒸,恐怕有害于人民的健康,于是乃建造屋宇。那么造屋宇有什么定法呢?墨子说:"只要它四周可以抵御风寒,上面可以抵御霜雷雨露,里面清洁,可以供祭祀,房屋的垣墙足以分隔男女,使内外有别,仅此而已。"至于一切多加的费用,而于人民实用上并未增添任何利益的,都是圣王所不做的。

节葬 下

子墨子言曰:"仁者之为天下度也,辟之无以异乎孝子之为亲度也。"今孝子之为亲度也,将奈何哉?曰:亲贫,则从事乎富之;人民寡,则从事乎众之;众乱,则从事乎治之。当其于此也,亦有力不足,财不赡,智不智,然后已矣。无敢舍余力隐谋遗利,而不为亲为之者矣。若三务者,孝子之为亲度也,既若此矣。

墨子说:"仁义之人为天下打算,有如孝子之替父母打算。"现在孝子怎么替父母打算呢?父母若是贫穷,就设法使其富足;家内的人若太少,就设法使之增多;家人若纷乱没有条理,就设法去治理他们。做这几件事,有时也力量不足,财用不够,智力不及,诸多困难。然而孝子总尽力地去做,总不敢省力偷闲,隐匿智谋,将有利的事遗去,而不替父母去做。孝子替父母所打算的,是这三件事,如上面所述。

虽仁者之为天下度,亦犹此也。曰:天下贫,则从事乎富之;人民寡,则从事乎众之;众而乱,则从事乎治之。当其于此,亦有力不足,财不赡,智不智,然后已矣。无敢舍余力隐谋遗利,而不为天下为之者矣。若三务者,此仁者之为天下度也,既若此矣。

至于仁义之人替天下打算,也是如此。天下若贫穷,就设法使之富庶;人民若稀少,就设法使之繁殖;众人若混乱没有纪律,就设法去治理他们。这样去做,有时也会力量不足,财用不够,智力不及。然而仁义之人总尽力地做,总不敢省力偷闲,隐匿智谋不发,将有利益的事遗去,不替天下人做去。仁义之人替天下打算的,是上面所述的这三样事情。

今逮至昔者三代圣王既没,天下失义。后世之君子,或以厚葬久丧,以为仁也,义也,孝子之事也;或以厚葬久丧,以为非仁义,非孝子之事也。曰二子者,言则相非,行即相反,皆曰:"吾上祖述尧舜禹汤文武之道者也。"而言即相非,行即相反。于此乎,后世之君子,皆疑惑乎二子者言也。

及至三代的圣王去世后,天下人行事没有常法可守,不知道怎样做才是对的。所以后世的君子,有的以为厚葬和久守丧是合乎仁义的,是孝子所做的事;有的以为厚葬和久守丧是不合乎仁义的,不是孝子所做的事。这两派的人,所发的言论是互相反对的,所行的事是互相违逆的,然而他们都说:"我们是上法尧、舜、禹、汤、文、武之道的。"可是他们所发的言论又是相反的,所行的事又是相违背的。后世的君子当然要疑惑他们所说的话,究竟谁是谁非了。

若苟疑惑乎之二子者言,然则姑尝传而为政乎国家万民而观之。计厚葬久丧,奚当此三利者?我意若使法其言,用其谋,厚葬久丧实可以富贫众寡定危治乱乎,此仁也,义也,孝子之事也。为人谋者,不可不劝也。仁者将兴之天下,谁贾而使民誉之,终勿废也。

既然疑惑这二者的话,不知道究竟谁是对的,那么现在且转向治国理民实际上的政治的观察。看看厚葬和久守丧,是否有益于上述的孝子和仁人所要做的那三件事?我以为倘使遵守他们的话,用他们的主张,而厚葬和久守丧果真可以使贫穷转为富足,使人口增多,那么厚葬和久守丧是合乎仁义的,是孝子所做的事。为人设计的,不可以不勉励人这样做去。仁义之人将要极力地去提倡它,使天下的人都去行它,定下制度来,使人民大家拥护它,永远不衰废。

意亦使法其言,用其谋。厚葬久丧,实不可以富贫众寡定危理乱乎,此非仁非义,非孝子之事也。为人谋者,不可不沮也。仁者将求除之天下相废,而使人非之,终身勿为。且故兴天下之利,除天下之害,令国家百姓之不治也,自古及今,未尝之有也。

假使遵守他们的话,用他们的主张,结果厚葬和久守丧实在不能将贫穷转为富足,使人口增多,使危乱的局势得以安定治理,那么厚葬久守丧就不是合乎仁义的,也就不是孝子所做的事。为人设计的,不可以不阻止别人这样做。仁义之人将要努力地除去它,令天下人都不要这样做,将这种制度废除,令人民一起来推翻它,一辈子都不去实行它。既然以增进天下的福利、除去天下的祸患为目的,而使国家百姓不治理,这乃是从古至今未曾有的事情。

何以知其然也?今天下之士君子,将犹多皆

疑惑厚葬久丧之为中是非利害也。故子墨子言曰："然则姑尝稽之，今虽毋法执厚葬久丧者言，以为事乎国家。"此存乎王公大人有丧者，曰棺椁必重，葬埋必厚，衣衾必多，文绣必繁，邱陇必巨。存乎匹夫贱人死者，殆竭家室。存乎诸侯死者，虚车府，然后金玉珠玑比乎身，纶组节约，车马藏乎圹，又必多为屋幕、鼎鼓、几梴、壶滥、戈剑、羽旄、齿革，寝而埋之，满意，若送从。曰：天子杀殉，众者数百，寡者数十。将军大夫杀殉，众者数十，寡者数人。

何以见得如此呢？当今天下的士君子对于厚葬和久守丧，不是仍旧怀疑不定，以为厚葬和久守丧是对的，是有利的吗？所以墨子说："且试加考察一番，看遵行厚葬和久守丧对于国家的影响是怎样。"若主张厚葬和久守丧，在王公大人们，棺椁必定要用几层厚的，葬埋必须丰厚，殉葬的衣被必定要多，盖在棺材上的锦绣必须要讲究，砌的坟墓必定要高大。平民若死了，必定倾家荡产，从事厚葬。诸侯若死了，必定将府库用空，将金银珠玉等宝器遍饰于死者的身上，丝絮组带以及车马都藏入圹穴中，又必定要多制些帷幕、帐幔、钟鼎、鼓、几席、壶、刀剑、戈矛、鸟羽、牛尾、野兽的牙齿和皮革，一起埋葬起来，然后方才满意，出殡像搬家一样热闹。天子用人殉葬，多的数百人,少的几十人。卿大夫用人殉葬,多的数十人,少的也有数人不等。

处丧之法,将奈何哉?曰:哭泣不秩声,翁缞经,垂涕,处倚庐,寝苫枕凷。又相率强不食而为饥,薄衣而为寒,使面目陷䐜,颜色黧黑,耳目不聪明,手足不劲强,不可用也。又曰:上士之操丧也,必扶而能起,杖而能行,以此共三年。

那么居丧守孝的礼节又是怎样呢?是不分昼夜地啼哭,哽咽不成声音,披麻戴孝,脸上挂着涕泪,住在侧首的宿舍内,睡在茅草上面,枕在泥土上面。大家又忍饿不进饮食,不多穿衣服而去受冻,以致精神不振,形容沮丧,面色黯淡,耳目昏沉,手足无力,不能够去做事。又说士人以上的阶级居丧时,必须要搀扶着才能起来,要用拐杖撑着才能够行走,这样要经过三年之久。

若法若言,行若道,使王公大人行此,则必不能蚤朝;[1]五官六府,辟草木,实仓廪;使农夫行

---

[1] 原注:此处有脱文。

此,则必不能蚤出夜入,耕稼树艺;使百工行此,则必不能修舟车为器皿矣;使妇人行此,则必不能夙兴夜寐,纺绩织纴。细计厚葬,为多埋赋之财者也;计久丧,为久禁从事者也。财以成者,扶而埋之,后得生者,而久禁之。以此求富,此譬犹禁耕而求获也,富之说无可得焉。

倘若遵行厚葬的主张,使王公大人这样去做,他们必定不能够早朝;使士大夫去这样做,他们就不能够治理五官和六府[1],开辟土地,充实仓廪;使农夫这样去做,他们就不能够早出晚归,耕耘种植;使工人这样去做,他们就不能够修理舟车,制造器用;使妇人这样去做,她们就不能够早起晚睡,从事纺织了。所以厚葬,乃是多将些财货埋藏起来,久守丧,乃是长期禁止人从事于业务。已成的财货,将它们一起埋在地下;未成的财货,长期禁止它们生产。照这样去求富庶,有如禁止人耕种去求收获,所以厚葬之说不能使人民富足。

是故求以富家,而既已不可矣,欲以众人民,

---

[1] 原注:司徒、司马、司空、司士、司寇,谓之五官;司土、司水、司木、司草、司器、司货,谓之六府。它们都是殷周时代的官制。

意者可邪？其说又不可矣。今惟毋以厚葬久丧者为政，君死，丧之三年；父母死，丧之三年；妻与后子死者，五皆丧之三年；然后伯父叔父兄弟孽子其；族人，五月；姑姊甥舅，皆有月数。则毁瘠必有制矣，使面目陷陬，颜色黧黑，耳目不聪明，手足不劲强，不可用也。又曰上士操丧也，必扶而能起，杖而能行，以此共三年。

行厚葬和久守丧既然不能使人富足，它或者可以使人口增加吧？但是这也不可以。现在若行厚葬，国君死后，须守丧三年；父母死后，须守丧三年；妻和长子死后，也都得守丧三年，伯父、叔父、兄弟以及自己的儿子若死了，须守丧一年；亲戚、族人若死了，须守丧五月；姑母、姐姐、外甥、舅父若死，都须守丧数月。丧中都哀毁瘦瘠，使形容沮丧，面色黯淡，耳目昏沉，手足无力，不能够做事。又说士人以上的阶级守丧时，必须搀扶着然后才能够起来，必须使用拐杖然后才能够行走，这样须经过三年之久。

若法若言，行若道，苟其饥约，又若此矣。是故百姓冬不仞寒，夏不仞暑，作疾病死者，不可胜计也。此其为败男女之交多矣。以此求众，譬犹使人负剑而求其寿也。众之说无可得焉。

若遵行厚葬的主张，又须节制衣食，所以百姓冬天受冷，夏天受热，因疾病而死的，不可胜数。在居丧期中，又禁止男女相聚，照这样去求人口繁殖，也就像使人伏在刀剑的口子上去求长寿一样。所以行厚葬以求人口增加，这也是不可能的事。

是故求以众人民，而既以不可矣，欲以治刑政，意者可乎？其说又不可矣。今惟毋以厚葬久丧者为政，国家必贫，人民必寡，刑政必乱。

厚葬和久守丧既然不可以使人口繁殖，它或许有益于刑政的治理吧？但是这也是不行的。现在若令百姓实行厚葬久居丧，国家必定穷困，人民必定减少，刑政必定错乱。

若法若言，行若道，使为上者行此，则不能听治；使为下者行此，则不能从事。上不听治，刑政必乱；下不从事，衣食之财必不足。若苟不足，为人弟者求其兄而不得，不弟弟必将怨其兄矣；为人子者求其亲而不得，不孝子必是怨其亲矣；为人臣者求之君而不得,不忠臣必且乱其上矣。

　　倘若遵行厚葬的主张,使在上位的这样去做,他们就不能够再去治理政事;使下面的民众这样去做,他们就不能够再去从事于自己的职业。上不治理政事,刑政必致错乱;下不从事于自己的业务,衣食财用必致缺乏。衣食财用既不足,弟弟若向兄长有所索取,就不能够得到,而不恭顺的弟弟此时就要怨恨他的兄长了;儿子向父亲有所请求时,就不能够得到,而不孝的儿子此时就要怨恨他的父亲了;人臣若向国君有所请求时,也就不能够得到,而不忠的臣子此时就要背叛他的国君了。

　　是以淫僻邪行之民,出则无衣也,入则无食也,内续奚吾,并为淫暴,而不可胜禁也。是故盗贼众而治者寡。夫众盗贼而寡治者,以此求治,譬犹使人三睘而毋负已也。治之说无可得焉。

　　一班邪僻不正当的百姓,既没有衣服穿,又没有食物吃,心怀耻辱之念,所以一起来做荒淫狂暴之事,就禁止不住了。结果盗贼增多,治国的减少。使盗贼增多,令治理的人减少,照这样去求国家治理,也譬如使人在我面前旋转三次,同时不许此人的背朝着我一样。所以行厚葬以求国家治理,这是不可能的事了。

是故求以治刑政,而既已不可矣,欲以禁止大国之攻小国也,意者可邪?其说又不可矣。是故昔者圣王既没,天下失义,诸侯力征。南有楚、越之王,而北有齐、晋之君,此皆砥砺其卒伍,以攻伐并兼为政于天下。

厚葬和久守丧既然不可以使国家治理,它或者可以禁止大国去攻打小国吧?但是这也是不可能的事。当初圣王既已去世,天下人都不讲道义,诸侯都倚仗威力相争夺。南面有楚、越的国王,北面有齐、晋的君主,他们都竞相训练士卒,从事于攻伐兼并,号令于天下。

是故凡大国之所以不攻小国者,积委多,城郭修,上下调和,是故大国不耆攻之。无积委,城郭不修,上下不调和,是故大国耆攻之。今惟毋以厚葬久丧者为政,国家必贫,人民必寡,刑政必乱。若苟贫,是无以为积委也;若苟寡,是城郭沟渠者寡也；若苟乱，是出战不克，入守不固。

凡是大国之所以不去攻打小国，必是因为小国的积蓄多，城郭修得坚固，上下和谐，所以大国不愿去攻打它。假使小国没有积蓄，城郭修理不坚固，上下又不和谐，大国就要去攻打它了。现在若实行厚葬和久守丧，国家必致穷困，人民必致减少，刑政必致错乱。国家既然穷困，就没有积蓄；人民既然减少，就少人去修治城郭；刑政既然错乱，出战就不能够胜敌，退守更不能够巩固。大国见此，必定要来侵略了。

此求禁止大国之攻小国也，而既已不可矣，欲以干上帝鬼神之福，意者可邪？其说又不可矣。今惟毋以厚葬久丧者为政，国家必贫，人民必寡，刑政必乱。若苟贫，是粢盛酒醴不净洁也；若苟寡，是事上帝鬼神者寡也；若苟乱，是祭祀不时度也。

厚葬和久守丧既然不能禁止大国攻打小国，它或者可以求上帝和鬼神降福泽给我们吧？但是这也是不可能的事。现在若实行厚葬和久居丧，国家必致贫穷，人民必致减少，刑政必致错乱。国家既然贫穷，祭神的酒饭就不得洁净；人民既然减少,奉事上帝和鬼神的也就少了;刑政既然错乱,祭祀就不守常时。

今又禁止事上帝鬼神,为政若此,上帝鬼神始得从上抚之曰:"我有是人也,与无是人也,孰愈?"曰:"我有是人也,与无是人也,无择也。"则惟上帝鬼神降之罪,厉之祸,罚而弃之,则岂不亦反[1]其所哉?

现在又要禁止奉事上帝鬼神,照这样治国,上帝鬼神就要问自己道:"我有这些人,和没有这些人,二者比较,哪一个好些呢?"他必定要说:"我有这班人,和没有这班人一样。"所以上帝和鬼神虽降灾祸,使人类受罚,不也是应该的吗?

故古圣王制为葬埋之法,曰:"棺三寸,足以朽体;衣衾三领,足以覆恶。以及其葬也,下毋及泉,上毋通臭,垄若参耕之亩则止矣。"死者既以葬矣,生者必无久哭,而疾而从事,人为其所能,以交相利也。此圣王之法也。

---

[1] 原注:旧作"乃",以意改。

所以古代圣王制定葬埋之法,道:"棺材三寸厚,足以使尸体朽败;衣被共三件,足以将那可憎的形状遮掩起来。下葬时下面不掘至有泉水的地方,上面但用土掩盖,令气不透出来就得了。坟地之广,也不过三尺就够了。"死者既已下葬,生人不得久守丧,须速起从事于自己的职务,各做自己所专长的事,使大家相互得到利益。这乃是圣王所定的葬埋之法。

今执厚葬久丧者之言曰:"厚葬久丧,虽使不可以富贫众寡定危治乱,然此圣王之道也。"子墨子曰:"不然!昔者尧北教乎八狄,道死,葬蛩山之阴,衣衾三领,縠木之棺,葛以缄之。既沉而后哭,满埳无封,已葬,而牛马乘之。舜西教乎七戎,道死,葬南已之市,衣衾三领,縠木之棺,葛以缄之,已葬,而市人乘之。禹东教乎九夷,道死,葬会稽之山,衣衾三领,桐棺三寸,葛以缄之,绞之不合,通之不坎,土地之深,下毋及泉,上毋通臭。既葬,收余壤其上,垄若参耕之亩,则止矣。若以此若三圣王者观之,则厚葬久丧果非圣王之道。故三王者,皆贵为天子,富有天下,岂忧财用之不足哉？以为如此葬埋之法。"

现在坚持厚葬久守丧的人说："厚葬和久守丧,虽不可以令贫穷转为富足,令人口增多,使危乱的局势趋于安定治理,然而这总是圣王之道。"墨子说："这话不对！当初尧往北方去教化八狄[1],死在半路上,遂葬在蛩山的北面,只有三条衣被,棺材是楮木做的,不用皮革,但用葛布捆束。棺材既下土,然后举哀哭泣,但将墓穴用土填满,上面更不堆土做坟,葬埋完毕,牛马就照常往来其上。舜往西方去教化七戎[2],死在半路上,遂葬在南己的市上,只有三条衣被,棺材是楮木做的,不用皮革,但用葛布捆束,葬毕,市民就照常地来往其上。禹往东方去教化淮夷的民族,死在半路上,遂葬在会稽山上,只有三条衣被,棺材是桐木做的,只有三寸厚,用葛布捆束,虽捆绑而并不密合,路凿墓道却并不深邃,地下掘的深度,下面不到有泉水的地方,上面但求其不透气。葬毕,将埋葬所余之泥土堆积在上面,坟地之广不过三尺,这就得了。若照这三位圣王看来,可见得厚葬与久守丧真非圣王所行之道了。这三位圣王都贵为天子,富有天下,他们哪是忧虑财用不足才如此哩,无非因为葬埋之法这样方才是对的。"

---

[1] 原注:八种北狄的民族。
[2] 原注:七种戎人的民族。

今王公大人之为葬埋,则异于此。必大棺中棺,革阓三操,璧玉即具,戈剑鼎鼓壶滥,文绣素练,大鞅万领,舆马女乐皆具。曰必捶垎差通,垄虽凡山陵。此为辍民之事,靡民之财,不可胜计也,其为毋用若此矣。

现在王公大人们下葬,就不同了。必定要有外面罩护的棺材,里面夹层的棺材,用有文饰的皮革环绕三道,璧玉既已齐备,又备有戈矛刀剑、鼎鼓壶鉴、文绣素练、驾马的璎珞等一切设备,以及车马、女乐等,一律齐备。然后将墓道筑坚除清,将坟修得有如山陵一般高大。这既荒废了人民的业务,又靡费了人民的财用,损失不可胜计,厚葬是这样的无益于实用。

是故子墨子曰:"乡者吾本言曰,意亦使法其言,用其谋,计厚葬久丧,诚[1]可以富贫、众寡、定危、治乱乎,则仁也,义也,孝子之事也。为人谋者,不可不劝也。意亦使法其言,用其谋。若人厚葬久丧,实不可以富贫、众寡、定危、治乱乎,则非仁也,非义也,非孝子之事也。为人谋者,不可

---

[1] 原注:旧作"请",一本如此。

不沮也。"

所以墨子说:"我本来就讲过,假使遵行厚葬的话,照着他们的计划做,而厚葬久守丧当真可以令贫穷转为富足,使人口增多,使危乱的局势趋于安定,归于治理,那么厚葬和久守丧就是合乎仁义的,就是孝子所行的事。而为人设计的,也不可以不勉励人这样做。假使遵行主张厚葬和久守丧的话,照着他们的计划做后,而厚葬久守丧实在不能够使贫穷转为富足,不能使人口增多,不能使危乱的局势趋于安定,归于治理,那么厚葬和久守丧就不是合乎仁义的,就不是孝子所行的事。而替人设计的,也就不可以不禁止人家这样做。"

是故求以富国家,甚得贫焉;欲以众人民,甚得寡焉;欲以治刑政,甚得乱焉;求以禁止大国之攻小国也,而既已不可矣;欲以干上帝鬼神之福,又得祸焉。上稽之尧舜禹汤文武之道,而政逆之;下稽之桀纣幽厉之事,犹合节也。若以此观,则厚葬久丧,其非圣王之道也。

厚葬和久守丧,求其使国家富足,结果反而贫穷;想它使百姓增多,结果反而减少;想它使刑政治理,结果刑政反而因之错乱;想它能禁止大国攻打小国,已是不行的了;想因它去求上帝鬼神降福泽,又得到灾祸。上考尧、舜、禹、汤、文、武所行之道,是正和它相反;下考桀、纣、幽王、厉王所行之道,是和它像符节一般相吻合。这样看来,可见得厚葬和久守丧不是圣王所行之道了。

今执厚葬久丧者言曰:"厚葬久丧,果非圣王之道,夫胡说中国之君子,为而不已,操而不择哉?"子墨子曰:"此所谓便其习而义其俗者也。昔者越之东有輆沭之国者,其长子生,则解而食之,谓之宜弟。其大父死,负其大母而弃之,曰鬼妻不可与居处。此上以为政,下以为俗,为而不已,操而不择,则此岂实仁义之道哉?此所谓便其习而义其俗者也。楚之南有炎人国者,其亲戚死,朽其肉而弃之,然后埋其骨,乃成为孝子。秦之西有仪渠之国者,其亲戚死,聚柴薪而焚之,熏上,谓之登遐,然后成为孝子。此上以为政,下以为俗,为而不已,操而不择,则此岂实仁义之道哉?此所谓便其习而义其俗者也。"

现在主张厚葬和久守丧的说:"厚葬和久守丧,若果真不是圣王所行之道,那么中国的君子为何仍旧要这样做,不肯放弃它呢?"墨子说:"这就是所谓要便于人民的习惯,适合人民的风俗。从前越国的东面有个輆沭国,輆沭国的人民凡是第一个孩子生下来时,总将他肢解吃了,说这样对于他的弟弟是好的。他们的祖父若死了,他们便将祖母背去丢弃了,说她是鬼的妻子,不可以和她住在一起。在上位都教百姓这样做,而百姓也把这当成一种习俗,大家相传都这样做,都不肯将这种习俗放弃,这哪里真是仁义之道呢?这就是所谓欲求其便于人民的习惯,适合人民的风俗罢了。楚国的南面有个吃人国,凡是父母死了的,子女都将他们的肉刮下来弃去,然后将剩下来的骨头埋起来,这才算是孝子。秦国的西面有个义渠国,凡是父母死了,都将尸体放在柴草上,放火焚烧,烟雾上腾,就说死者升天成仙了,这样方才算得是孝子。在上位的都教百姓这样做,而百姓也把它当成一种习俗,大家都照着这样做,都不肯将这种习俗放弃,这哪里真是圣王之道呢?这就是所谓欲求其便于人民的习惯,适合人民的风俗罢了。"

若以此若三国者观之,则亦犹薄矣;若以中国之君子观之,则亦犹厚矣。如彼则大厚,如此则大薄,然则埋葬之有节矣。故衣食者,人之生利也,然且犹尚有节;葬埋者,人之死利也,夫何独无节于此乎?子墨子制为葬埋之法,曰:"棺三寸,足以朽骨;衣三领,足以朽肉;掘地之深,下无菹漏,气无发泄于上,垄足以期其所,则止矣。哭往哭来,反从事乎衣食之财,佴乎祭祀,以致孝于亲。"故曰子墨子之法,不失死生之利者,此也。

试看这三国的葬埋之法,也过于简薄了;试看中国的君子的葬埋之法,也过于隆厚了。像那个[1]又太厚,像这个[2]又太薄,可见得葬埋之法须有节度了。衣食是活人的利益,尚且须有节度;葬埋是死人的利益,怎么可以这样没有节度呢?墨子制定的葬埋之法,说:"棺材只须三寸厚,足以使骸骨朽败;衣服只须有三件,足以使肌肉腐化。掘地不须深,下面不到有水的地方,上面但使气不透出来,至于坟墓,也不要高,但能使人寻得到就行了。守丧也不过久,但举哀哭毕,就又去从事于衣食财用的生产,财用既有余,即以之补助祭祀,以孝父母。"所以说墨子的葬埋之法,对于活人和死人都有利益,就是因为这

---

[1] 原注:指中国的君子。
[2] 原注:指輆沐等三国。

个缘故。

故子墨子言曰:"今天下之士君子,中诚[1]将欲为仁义,求为上士,上欲中圣王之道,下欲中国家百姓之利,故当若节丧之为政,而不可不察者此也。"

所以墨子说:"当今天下的士君子,心中果真想行仁义,想做上等的贤士,上面想与圣王所行之道相合,下面想对于国家人民有利益,就应当实行这节葬主义,对于节葬主义是不可以不细加研究的。"

---

[1] 原注:旧作"谓",以意改。

天志 上

子墨子言曰:"今天下之士君子,知小而不知大。何以知之?以其处家者知之。若处家得罪于家长,犹有邻家所避逃之。然且亲戚、兄弟、所知识,共相儆戒,皆曰:'不可不戒矣!不可不慎矣!恶有处家而得罪于家长而可为也?'非独处家者为然,虽处国亦然。处国得罪于国君,犹有邻国所避逃之。然且亲戚、兄弟、所知识,共相儆戒,皆曰:'不可不戒矣!不可不慎矣!谁亦有处国得罪于国君而可为也?'此有所避逃之者也,相儆戒犹若此其厚,况无所逃避之者,相儆戒岂不愈厚,然后可哉?且语言有之曰:'焉而晏日,焉而得罪,将恶避逃之?'曰:无所避逃之。夫天不可为林谷幽门无人,明必见之。然而天下之士君子,天也忽然,不知以相儆戒,此我所以知天下士君子,知小而不知大也。"

墨子说:"当今天下的士君子对于微小不足重的事都知

道,对于一切大事反而不知道。何以见得呢?这可以由处家看出来。譬如处家的得罪了家长,尚有邻人的家可逃往。然而父母、兄弟以及相识的人,都要警诫他,都说:'不可以不戒惧了!不可以不谨慎了!哪有处家而可以得罪家长的,这还行吗?'非但处家的如此,虽处国也是如此。处国若得罪了国君,尚有邻国可逃往,然而父母、兄弟以及相识的人,都要警诫他,都说:'不可以不戒惧了!不可以不谨慎了!哪有处国而可以得罪国君的?这还行吗?'这是有地方可以逃往的,然而尚且要这样深切地警诫,何况没有地方可以逃往,那警诫不是更须深切吗?并且古话曾说过:'青天白日里,若做了错事,有什么地方可以逃往呢?'回说:无处可以逃往。上天监察分明,虽是山林幽深间隔的无人的地方,天都看得见。然而天下的士君子,对于天反而疏忽,不知互相警诫,所以我知道他们对于琐碎微小的事能知道,至于大事,他们反而不知道了。"

然则天亦何欲何恶?天欲义而恶不义。然则率天下之百姓以从事于义,则我乃为天之所欲也。我为天之所欲,天亦为我所欲。然则我何欲何恶?我欲福禄而恶祸祟。然则我率天下之百姓以从事于祸祟中也。

那么天所期望的是什么呢？天所憎恶的又是什么呢？天期望人行义，而憎恶人为不义之事。所以率领天下的人民去行合乎道义的事，那么我们就是在做上天所期望的事了。我们做上天所期望的事，上天也会做我们所期望的事。我们所期望的又是什么呢？我们所憎恶的又是什么呢？我们所期望的是福禄，所憎恶的是灾祸。倘若我们不去做上天所期望的事，反去做上天所不喜欢的事，我们就无异于率领天下的人民去求灾祸。

然则何以知天之欲义而恶不义？曰：天下有义则生，无义则死；有义则富，无义则贫；有义则治，无义则乱。然则天欲其生而恶其死，欲其富而恶其贫，欲其治而恶其乱，此我所以知天欲义而恶不义也。

但是上天为何喜欢合乎义理的事，而憎恶不合乎义理的事呢？因为天下有义理的才能存在，无义理的必死亡；有义理的方会富足，无义理的必定穷困；有义理的才会治理，无义理的必定混乱。上天既然喜欢人类滋生而不喜他们死亡，喜欢他们富足而不喜欢他们穷困，喜欢他们治理而不喜欢他们危乱，所以我知道上天也就喜欢合乎义理的事，憎恶不合乎义理的事。

曰：且夫义者政也，无从下之政上，必从上之政下。是故庶人竭力从事，未得次己而为政，有士政之；士竭力从事，未得次己而为政，有将军大夫政之；将军大夫竭力从事，未得次己而为政，有三公诸侯政之；三公诸侯竭力听治，未得次己而为政，有天子政之；天子未得次己而为政，有天政之。

并且义理是用来匡正人的，不能由下面的来匡正在上位的人，必须由地位高的匡正地位较低的。所以庶人竭力做事，也不能任由自己的意思去做，还有士人在上面匡正他；士人竭力地做事，也不能任意地做，还有卿大夫在上面匡正他；卿大夫竭力地去做事，也不能任意地去做，还有三公和诸侯在上面匡正他们；三公诸侯竭力地办事，也不能任意地去做，还有天子在上面匡正他们；而天子也不能任由自己的意思去做，还有上天来匡正他的不逮。

天子为政于三公诸侯士庶人，天下之士君子，固明知天之为政于天子，天下百姓未得之明知也。故昔三代圣王禹汤文武，欲以天之为政于天子，明说天下之百姓，故莫不犓牛羊，豢犬彘，洁为粢盛酒醴，以祭祀上帝鬼神，而求祈福于天，我未尝闻天下之所求祈福于天子者也，我所以知天之为政于天子者也。

天子管理三公、诸侯、士人、庶人，这是天下人所明知道的，至于上天管理天子，天下的百姓还不明白哩。从前三代的圣王，如禹、汤、文、武等，想令天下的百姓都知道上天是高于天子的，所以都喂牛羊，养猪犬，预备很洁净的酒饭，去祭祀上帝鬼神，求天降福泽，但是我从来不曾听说天向天子求降福泽，所以我知道天是高于天子的。

故天子者，天下之穷贵也，天下之穷富也。故于富且贵者，当天意而不可不顺。顺天意者，兼相爱，交相利，必得赏；反天意者，别相恶，交相贼，必得罚。然则是谁顺天意而得赏者？谁反天意而得罚者？子墨子言曰："昔三代圣王禹汤文武，此顺天意而得赏也；昔三代之暴王桀纣幽厉，此反天意而得罚者也。"

天子是天下最尊贵的人，是天下最富有的人。然而要想富贵，就不可以不顺从天意。大家互相爱护，互施利惠，这就是顺从天意，这样必定要得到天的赏赐的；若分别亲疏，互相忌恨，互相贼害，这就是违反天意，这样必定要得到天的处罚的。那么有谁因顺从天意而得到赏赐的呢？又有谁因违反天意而获得惩罚的呢？墨子说："从前三代的圣王，如禹、汤、文、武等，是因为顺从天意，而得到赏赐的；从前三代的暴君，如桀、纣、幽、厉等，是因为违反天意，而获得惩罚的。"

然则禹汤文武其得赏何以也？子墨子言曰："其事上尊天，中事鬼神，下爱人。故天意曰：'此之我所爱，兼而爱之；我所利，兼而利之。爱人者，此为博焉；利人者，此为厚焉。'故使贵为天子，富有天下，业万世子孙，传称其善，方施天下，至今称之，谓之圣王。"

禹、汤、文、武何以会得到赏赐呢？墨子说："他们尊敬上天，祭祀鬼神，又爱护百姓，所以天意以为：'他们对于我所爱护的，也一起爱护；对于我所要给予福利的，也使他们一起得到福利。爱人如此，可以算得普及的了；利人如此，可以算得深厚的了。'所以使他贵为天子,富有天下,子孙承继,屡世不衰,历史上盛赞他的美德,其教化遍施于天下,至今犹为人所称道,被称为圣王。"

然则桀纣幽厉得其罚何以也?子墨子言曰:"其事上诟天,中诬鬼,下贼人。故天意曰:'此之我所爱,别而恶之;我所利,交而贼之。恶人者,此为之博也;贼人者,此为之厚也。'故使不得终其寿,不殁其世,至今毁之,谓之暴王。"

桀、纣、幽、厉何以又会获得惩罚呢?墨子说:"他们诟骂上天,污蔑鬼神,又贼害百姓,所以天意以为:'他们对于我所爱护的,反加憎恶;对于我所要施福利的,反加以贼害。这样忌恨人,可算得厉害的了;这样贼害人,可算得深切的了。'所以使他们不得善终,统嗣也不能延长,至今仍为人所毁訾,被称为暴王。"

然则何以知天之爱天下之百姓?以其兼而明之。何以知其兼而明之?以其兼而有之。何以知其兼而有之?以其兼而食焉。何以知其兼而食焉?曰:四海之内,粒食之民,莫不犓牛羊,豢犬猪，洁为粢盛酒醴，以祭祀于上帝鬼神。天有邑人，何用弗爱也？且吾言杀一不辜者，必有一不祥。杀不辜者谁也？则人也。予之不祥者谁也？则天也。若以天为不爱天下之百姓，则何故以人与人相杀，而天予之不祥？此我所以知天之爱天下之百姓也。

何以知道上天爱护天下的百姓呢？因为他监察天下的人民，是一律地严明公正。何以知道上天明察天下的万民呢？因为天下的人民都是为他所有的。何以知道天下的人民都是上天所有的呢？因为上天供给他们的一切衣食。何以知道万民的衣食仰给于上天呢？因为四海之内，凡是吃谷米的人民，莫不喂牛羊，养猪犬，预备洁净的酒饭，去祭祀上帝鬼神。天下的人民都为上天所有，他们为何不爱上天呢？并且我曾说过：若杀死一个无罪的人，必定要得到一桩灾祸。杀死无罪的是谁呢？是人。降灾祸的又是谁呢？是天。若以天为不爱天下的百姓，那么人与人相杀害，天为何要降他们灾祸呢？所以我知道上天实在是爱天下的百姓的。

顺天意者，义政也；反天意者，力政也。然义政将奈何哉？子墨子言曰："处大国不攻小国，处大家不篡小家，强者不劫弱，贵者不傲贱，多诈者不欺愚，此必上利于天，中利于鬼，下利于人。三利无所不利，故举天下美名加之，谓之圣王。力政者则与此异，言非此，行反此，犹幸[1]驰也。处大国攻小国，处大家篡小家，强者劫弱，贵者傲贱，多诈欺愚。此上不利于天，中不利于鬼，下不利于人。三不利无所利，故举天下恶名加之，谓之暴王。"

　　顺从天意的，就是用道义治理；违反天意的，就是用武力治理。那么怎样就是用道义治理呢？墨子说："大国不去攻打小国，大家不去侵凌小家，强壮的不迫胁微弱的，位分高的不傲视位分低的，机巧的也不去欺骗愚笨的，如此必定上有利于天，中有利于鬼，下有利于人。三者无所不利，所以将天下最好的名声加在他的身上，称他为圣王。用武力治理的就和这个不同了，言行都和这个相反，有如背朝背各走一端。大国就去攻打小国，大家就去侵凌小家，强壮的迫胁微弱的，位分高的傲视位分低的，机智的欺骗愚笨的。这上不利于天，中不利于鬼，下不利于人，三者都不利，所以将天下最丑恶的名号赠

---

[1] 原注：一本作"倩"。

给他,称他为暴王。"

子墨子言曰:"我有天志,譬若轮人之有规,匠人之有矩。轮匠执其规矩,以度天下之方圜,曰:'中者是也,不中者非也。'今天下之士君子之书,不可胜载,言语不可尽计,上说诸侯,下说列士,其于仁义,则大相远也。何以知之?曰:我得天下之明法以度之。"

墨子说:"我们有上天的意旨做我们行事的法则,譬如制车轮的有画圆的规,木匠有画方的矩。轮人和木匠但须拿着规矩,便可以度量天下一切的方形圆形,说:'与此相合的就是对的,与此不相合的就是不对的。'当今天下的士君子,所有的书籍都记载不完,言语都诉说不尽,上面游说诸侯,下面去劝列士,但是这些与仁义却相差极远。何以知道如此呢?我由天下的明法悟会出来的。"

天志 中

子墨子言曰:"今天下之君子之欲为仁义者,则不可不察义之所从出。"既曰不可以不察义之所从出,然则义何从出? 子墨子曰:"义不从愚且贱者出,必自贵且知者出。"何以知义之不从愚且贱者出,而必自贵且知者出也? 曰:"义者,善政也。"何以知义之善政也? 曰:"天下有义则治,无义则乱,以是知义之善政也。夫愚且贱者,不得为政乎贵且知者,然后得为政乎愚且贱者。此吾所以知义之不从愚且贱者出,而必自贵且知者出也。"然则孰为贵? 孰为知? 曰:"天为贵,天为知而已矣,然则义果自天出矣。"

墨子说:"当今天下的士君子,若欲行仁义,就不可以不考察义的由来。"既然不可不考察义的由来,那么义是从何而来的呢? 墨子说:"义不是从愚笨卑贱出来的,义是从尊贵聪明出来的。"何以知道义不是出于愚笨卑贱的,而必定是出自尊贵与聪明呢? 道:"因为对义的解说就是'正当'。"何以知道义的意思就是'正当'呢？道："天下有义就治理，无义就混乱，所以知道义就是正当合宜的意思。因为愚笨卑贱的，不能匡正尊贵聪明的，而尊贵聪明的，却能匡正愚笨卑贱的。所以我知道义不是出自愚笨卑贱的，而必定是出自尊贵聪明的。"那么谁是尊贵的呢？谁又是聪明的呢？道："只有天是尊贵的，天是聪明的，所以义实在是出于上天的了。"

今天下之人曰："当若天子之贵诸侯，诸侯之贵大夫，偘明知之，然吾未知天之贵且知于天子也。"子墨子曰："吾所以知天之贵且知于天子者，有矣。曰：天子为善，天能赏之；天子为暴，天能罚之；天子有疾病祸祟，必斋戒沐浴，洁为酒醴粢盛，以祭祀天鬼，则天能除去之。然吾未知天之祈福于天子也，此吾所以知天之贵且知于天子者。不止此而已矣，又以先王之书驯天明不解之道也知之。曰：'明哲维天，临君下出。'则此语天之贵且知于天子。"不知亦有贵知夫天者乎？曰：天为贵，天为知而已矣，然则义果自天出矣。

现在天下的人都说："天子比诸侯尊贵，诸侯比大夫尊贵，这是我们确实知道的,但是天比天子更尊贵,较天子更聪明,这个我们却未曾晓得哩。"墨子说:"我所以知道天比天子尊贵,比天子聪明,也有我的理由。因为天子若行善,天能赏赐他;天子若暴戾,天也能处罚他;天子若有疾病灾祸,必须要斋戒沐浴后,预备洁净的酒饭,去祭祀天与鬼神,天就能将他的疾病灾祸除去。但是我从来不曾听说天向天子去祈福,所以我知道天的尊贵与聪明,实在在天子之上。不仅此而已,我又从先王的书籍上,得到更多的证据。书上曾训释天的明道,说:'聪明圣哲的,就是上天,将他的光明照临天下。'这是说天的尊贵聪明在天子之上。"但是不知还有比天更尊贵聪明的吗?道:只有天是最尊贵最聪明的,所以义实在是出自上天的意志的。

是故子墨子曰:"今天下之君子,中实将欲遵道利民,本察仁义之本,天之意不可不慎也。"既以天之意以为不可不慎已,然则天之将何欲何憎?子墨子曰:"天之意,不欲大国之攻小国也,大家之乱小家也,强之暴寡,诈之谋愚,贵之傲贱,此天之所不欲也。不止此而已,欲人之有力相营,有道相教,有财相分也[1]。又欲上之强听

---

[1] 编者按:此句缺译解,联系上下文似可补"希望人们有力则相互帮助,有道义则相互教导,有财物就一起分配"。

治也，下之强从事也。"

所以墨子说："当今天下的士君子，心中果真想遵行圣王之道惠利人民，推求仁义之本，那么对于天的意思是不可以不谨慎的。"既然以为对于天的意思不能不谨慎，请问天喜欢什么，憎恨什么呢？墨子说："天的意思，不要大国攻打小国，大家侵凌小家，强盛的欺凌微弱的，机巧的算计愚笨的，位分高的傲视位分低的，这些都是天所不要人做的。不仅此而已，天又要在上位的勤力去办事，在下面的庶民勤力去服务。"

上强听治，则国家治矣；下强从事，则财用足矣。若国家治，财用足，则内有以洁为酒醴粢盛，以祭祀天鬼；外有以为环璧珠玉，以聘挠四邻。诸侯之冤不兴矣，边境兵甲不作矣。内有以食饥息劳，持养其万民，则君臣上下惠忠，父子兄弟慈孝。

在上位的勤力地去办事，国家就治理了，下面的人民勤力地去服务，财用就充足了。国家若治理，财用若充足，内里就可以有洁净的酒饭，去祭祀天帝鬼神；外面就可以有珠玉环璧，去交结四面的邻国。如此诸侯就不会再生仇怨，边境上更不会发生战事。国内既然能使饥饿的有的吃，令劳作的有的休息，这样保养万民，国君就待人有恩惠，臣下对主上就忠诚，父兄对子弟就慈爱，子弟对父兄就孝敬了。

故惟毋明乎顺天之意，奉而光施之天下，则刑政治，万民和，国家富，财用足，百姓皆得暖衣饱食，便宁无忧。是故子墨子曰："今天下之君子，中实将欲遵道利民，本察仁义之本，天之意不可不慎也。"

所以但明白顺从天的意思，推而行之于天下，刑政就治理，万民都和谐，国家就丰富，财用也就充足了，百姓都能衣食不缺，得以温饱，安宁没有忧患。所以墨子说："当今天下的士君子，心中果真要想遵行圣王之道惠利人民，推求仁义之本，那么对于天的意思是不可以不谨慎的。"

且夫天子之有天下也，辟之无以异乎国君诸侯之有四境之内也。今国君诸侯之有四境之内也，夫岂欲其臣国万民之相为不利哉？今若处大国则攻小国，处大家则乱小家，欲以此求赏誉，终不可得，诛罚必至矣。

并且天之有天下,譬如国君与诸侯之有国家。现在国君与诸侯若拥有国家,他们怎么会期望他们的臣民互相贼害,互相做于人不利的事呢?现在若处于大国,就去攻打小国,处于大家,就去侵凌小家,想因此求得赏赐赞誉,结果总是得不到的,而诛戮惩罚就要随之降临了。

夫天之有天下也,将无已异此。今若处大国则攻小国,处大都则伐小都,欲以此求福禄于天,福禄终不得,而祸祟必至矣。然有所不为天之所欲,而为天之所不欲,则夫天亦且不为人之所欲,而为人之所不欲矣。人之所不欲者何也?曰:疾病祸祟也。若已不为天之所欲,而为天之所不欲,是率天下之万民以从事乎祸祟之中也!

上天之有天下,和这个也没有分别。现在若处于大国,便去攻打小国,处于大的都邑,便去征伐小的都邑,想因此去向上天求福禄,结果福禄得不到,而灾祸反要降临了。不去做天所喜欢的事,反去做天所不喜欢的事,所以天也不做人所喜欢的事,而去做人所不喜欢的事了。人所不喜欢的是什么呢?是疾病和灾祸。倘若自己不去做天所要做的事,而去做天所不喜欢的事,这乃是率领着天下的人民去求灾祸!

故古者圣王明知天鬼之所福,而辟天鬼之所憎,以求兴天下之利,而除天下之害。是以天之为寒热也节,四时调,阴阳雨露也时,五谷孰,六畜遂,疾菑戾疫凶饥则不至。是故子墨子曰:"今天下之君子,中实将欲遵道利民,本察仁义之本,天意不可不慎也。"

所以古代的圣王知道怎样能获得上天鬼神降福,而避免上天鬼神所憎恨的事,以求增进天下的福利,除去天下的患害。所以天使寒暖合适,四时皆守常度,阴阳调和,雨露顺时,五谷丰收,六畜繁殖,疾疫灾祸、凶年饥馑都不发生。所以墨子说:"当今天下的士君子,心中果真想要遵行圣王之道惠利人民,推求仁义之本,那么对于上天的意思是不可以不小心的。"

且夫天下盖有不仁不祥者,曰:当若子之不事父,弟之不事兄,臣之不事君也,故天下之君子,与谓之不祥者。今夫天兼天下而爱之,撽遂万物以利之,若豪之末,非天之所为也,而民得而利之，则可谓否矣。然独无报夫天，而不知其为不仁不祥也。此吾所谓君子明细而不明大也。

并且天下有一种不仁爱与不吉祥的人，例如儿子不敬事父亲，臣子不敬事国君，弟弟不敬事兄长，这都是天下的君子所称为不祥的。现在上天既然对天下的人一律爱护，对于万物一切都施以惠利，虽至毫毛的尖端，无不是上天所为，而人民得享此福利，上天爱人，可算得深厚的了。然而若不报答天的恩惠，却不知道这是不仁爱不吉祥的事。所以我说君子但明白细小处，而不明白事情的大处。

且吾所以知天之爱民之厚者，有矣。曰：以磨为日月星辰，以昭道之；制为四时春秋冬夏，以纪纲之；雷降雪霜雨露，以长遂五谷麻丝，使民得而财利之；列为山川溪谷，播赋百事，以临司民之善否；为王公诸伯，使之赏贤而罚暴，贼金木鸟兽，从事乎五谷麻丝，以为民衣食之财。自古及今，未尝不有此也。

并且我所以知道上天爱护人民如此深厚，也有我的理由。因为上天将日月星辰分开，以照耀天下；制定春夏秋冬四时，以为纲纪常度；下霜雪，降雨露，使五谷生长，麻丝收获，使人民得以供给财用；又分列山川溪谷，广布各种事业；设定王公侯伯，以监察人民的善恶，赏赐贤良，惩罚贪暴，征收五金木器和鸟兽而用之，从事于五谷与麻丝之生产，以供给人民的衣食财用。从古至今，都是如此。

今有人于此，欢若爱其子，竭力单务以利之。其子长，而无报子求父，故天下之君子，与谓之不仁不祥。今夫天兼天下而爱之，撽遂万物以利之，若豪之末，非天之所为，而民得而利之，则可谓否矣。然独无报夫天，而不知其为不仁不祥也。此吾所谓君子明细而不明大也。

现在假使此地有一个人，极喜欢他的儿子，为他儿子的利益，竭力地去做事。等到儿子长大了，他却不报答父亲的恩惠，那么天下的君子都要说他不仁爱，说他是不祥之人了。但是现在上天对于天下人一律爱护，对于万物一起施以惠利，虽至毫毛的尖端，莫不是上天所创造，而人民得享此福利，上天爱人，可算得深厚的了。然而若不报答天的恩惠，就不知道这乃是不仁爱不祥的事。所以我知道君子但明白小事，不明白大事。

且吾所以知天爱民之厚者，不止此而足矣。曰：杀不辜者，天予不祥。不辜者谁也？曰：人也。予之不祥者谁也？曰：天也。若天不爱民之厚，夫胡说人杀不辜，而天予之不祥哉？此吾之所以知天之爱民之厚也。

我所以知道上天爱人民这般深厚，理由尚不仅此而已。凡是杀无罪的，天必定使之受不祥之祸。杀无罪的是谁呢？是人。降凶祸的又是谁呢？是天。假使天不是这般深厚地爱护人民，那么人民妄杀无罪的时候，天为何要降给他们凶祸呢？因此我知道上天爱护人民是这般深厚。

且吾所以知天之爱民之厚者，不止此而已矣。曰：爱人利人，顺天之意，得天之赏者有矣；憎人贼人，反天之意，得天之罚者亦有矣。夫爱人利人，顺天之意，得天之赏者，谁也？曰：若昔三代圣王，尧舜禹汤文武者是也。尧舜禹汤文武，焉所从事？曰：从事兼，不从事别。兼者，处大国不攻小国，处大家不乱小家，强不劫弱，众不暴寡，诈不谋愚，贵不傲贱。观其事，上利乎天，中利乎鬼，下利乎人，三利无所不利，是谓天德。聚敛天下之美名而加之焉，曰此仁也，义也，爱人利人，顺天之意，得天之赏者也。

并且我所以知道上天爱护人民这般深厚，原因尚不仅此而已。因为有人因爱人利人，顺从天的意思，而得到天的赏赐；也有人因恨人害人，违反天的意思，而得到天的诛罚的。谁人因为爱护人，施人利益，顺从天的意思，而得到天的赏赐呢？譬如从前三代的圣王，尧、舜、禹、汤、文、武等就是。尧、舜、禹、汤、文、武做些什么呢？他们从事于兼爱，不分别亲疏。所谓兼爱者，就是大国不去攻打小国，大家不去扰乱小家，强壮的不迫胁微弱的，人多的不侵凌人少的，机灵的不想占愚笨的便宜，尊贵的不傲视卑贱的。试看兼爱之事，上有利于天帝，中有利于鬼神，下有利于人民，三者都蒙其利，这就叫作天德。所以要取天下最好的名声，加在他们的身上，说这是仁人，这是义士，这是因为爱护人，使人民受到利益，而得到天的赏赐。

不止此而已，书于竹帛，镂之金石，琢之盘盂，传遗后世子孙。曰：将何以为？将以识夫爱人利人,顺天之意,得天之赏者也。"《皇矣》道之曰:"帝谓文王,予怀明德,不大声以色,不长夏以革,不识不知,顺帝之则。"帝善其顺法则也,故举殷以赏之,使贵为天子,富有天下,名誉至今不息。故夫爱人利人,顺天之意,得天之赏者,既可得留而已。

不但如此而已,又写在竹简素帛上,刻在金器石头上,雕在盘盂等器具上,传给后世的子孙,说:你们应当怎样做呢?你们要留心,因爱护人,施利益于人,顺从天的意思,而得到天的赏赐。《皇矣》上曾说:"天帝对文王说,我但归向人君有光明之德的,他不说大话,不矫饰外貌,不尊重诸夏以变更王法。其为人不识古,也不知今,但顺着天帝的法则而行。"天帝因为喜他能顺其法则,所以将殷赏给他,使他贵为天子,富有天下,名声一直流传至今不衰。所以于此可知,爱护人,施人利益,顺从天的意思,结果是得到天的赏赐。

夫憎人贼人,反天之意,得天之罚者,谁也?曰:若昔者三代暴王,桀纣幽厉者是也。桀纣幽厉,焉所从事? 曰:从事别,不从事兼。别者,处大国则攻小国,处大家则乱小家,强劫弱,众暴寡,诈谋愚,贵傲贱。观其事,上不利乎天,中不利乎鬼,下不利乎人,三不利无所利,是谓天贼。聚敛天下之丑名而加之焉,曰此非仁也,非义也,憎人贼人,反天之意,得天之罚者也。

因为憎恨人贼害人,违反天的意思,而得到天的诛罚的,又是谁呢?道:譬如从前三代的暴王,如桀、纣、幽、厉等是也。桀、纣、幽、厉做些什么事呢?他们从事于分别亲疏,不从事于兼爱众人。所谓分别亲疏者,就是大国去攻打小国,大家去扰乱小家,强横的迫胁微弱的,人多的侵凌人少的,机诈的图谋愚笨的,尊贵的傲视卑贱的。试看这些事,上不利于天帝,中不利于鬼神,下不利于人民,三者都感受不利,这就叫作天贼。所以要收集天下最坏的名号,加在他们的身上,说这不是仁人,也不是义士,这是因为憎恨贼害人,而获得天的诛罚的。

不止此而已,又书其事于竹帛,镂之金石,琢之盘盂,传遗后世子孙。曰:将何以为?将以识夫憎人贼人,反天之意,得天之罚者也。《大誓》[1]之道之曰:"纣越厥夷居,不肯事上帝,弃厥

---

[1] 编者按:疑为《太誓》。即《泰誓》。

先神祇不祀，乃曰：'吾有命，无廖僈务。'"天下天亦纵弃纣而不葆。察天以纵弃纣而不葆者，反天之意也。故夫憎人贼人，反天之意，得天之罚者，既可谓而知也。

不但如此而已，又将这些事写在竹简和素帛上，刻在金器和石头上，雕在盘盂等器具上，传给后世的子孙，说：你们应当怎样去做呢？你们要留心，因憎恨人贼害人，违反天的意思，而获到天降的诛罚。《泰誓》上说："纣傲慢不恭，不肯奉事上帝，遗弃他的祖宗神灵，不去祭祀，反说：'我有天命，鬼神不足畏。'"群臣都不敢谏争，无人能止其傲慢之心，而天帝也放弃纣，不去保佑他。细察天之所以不保佑纣，就是因为纣违反了天的意思。于此也可以知道憎恨人贼害人，违反天的意思的，结果是要获到天的罚戮的。

是故子墨子之有天之，辟人无以异乎轮人之有规，匠人之有矩也。今夫轮人操其规，将以量度天下之圜与不圜也。曰："中吾规者谓之圜，不中吾规者谓之不圜。"是以圜与不圜，皆可得而知也。此其故何？则圜法明也。匠人亦操其矩，将以量度天下之方与不方也。曰："中吾矩者谓之方,不中吾矩者谓之不方。"是以方与不方,皆可得而知之。此其故何? 则方法明也。

所以墨子以为天的意思实在无异于造车轮的人之有规,匠人之有矩。造车轮的人拿着他的规,是要度量天下的东西是不是圆的。他说:"和我的规相合的就是圆的,不和我的规相合的就不是圆的。"因此东西圆不圆都可以知道了。这是什么缘故呢? 就是因为明于圆的法则。匠人也拿着他的矩,是要用来度量天下的东西是不是方的。他说:"和我的矩相合的就是方的,不和我的矩相合的就不是方的。"因此东西方不方都可以知道了。这是什么缘故呢? 就是因为他们明于方的法则。

故子墨子之有天之意也,上将以度天下之王公大人为刑政也,下将以量天下之万民为文学出言谈也。观其行,顺天之意,谓之善意行,反天之意,谓之不善意行;观其言谈,顺天之意,谓之善言谈,反天之意,谓之不善言谈;观其刑政,顺天之意,谓之善刑政,反天之意,谓之不善刑政。故置此以为法,立此以为仪,将以量度天下之王公大人卿大夫之仁与不仁,譬之犹分墨白也。

所以墨子以为天的意思,应当上用来度量天下的王公大人的刑政的设施,下用来度量天下万民的文学与言谈的标准。看他们的行事,若和天的意思相顺,就称之为好的行为,若和天的意思相反,就称之为恶的行为;看他们的言语,若顺乎天的意思,就谓之好话,若违反天的意思,就谓之坏话;看他们的刑政,若顺乎天的意思,就谓之好刑政,若违反天的意思,就谓之坏刑政。所以设此天意为法则,立此天意为标准,去度量天下的王公大人和卿大夫们仁与不仁,譬如黑白一般分明,一般容易辨别。

是故子墨子曰:"今天下之王公大人士君子,中实将欲遵道利民,本察仁义之本,天之意不可不顺也。顺天之意者,义之法也。"

所以墨子说:"当今天下的王公大人和士君子们,心中果真想要遵行圣王之道,为人民求福利,推求仁义的本原的话,那么对于天意是不可以不顺从的。顺从天的意思,也就是顺从正义的法则。"

天志 下

子墨子言曰:"天下之所以乱者,其说将何哉?则是天下士君子,皆明于小而不明于大。"何以知其明于小不明于大也?以其不明于天之意也。何以知其不明于天之意也?以处人之家者知之。

墨子说:"天下之所以混乱,是什么缘故呢?就是因为天下的士君子都对于小的事情很明白,对于大的事情反而不明白。"何以知道他们但明白小事情,而不明白大的事情呢?因为他们不明白天的意思。何以知道他们不明白天的意思呢?由居家的例证知道的。

今人处若家得罪,将犹有异家所以避逃之者,然且父以戒子,兄以戒弟,曰:"戒之!慎之!处人之家,不戒不慎之,而有处人之国者乎?"今人处若国得罪,将犹有异国所以避逃之者矣,然且父以戒子,兄以戒弟,曰:"戒之!慎之!处人之国者,不可不戒慎也!"今人皆处天下而事天,得罪于天,将无所以避逃之者矣,然而莫知以相极戒也。吾以此知大物则不知者也。

现在若有人居家时得罪了家长,还有邻人的家可逃往,然而父亲尚要以此警诫儿子,兄长尚要以此警诫弟弟,说:"戒惧!谨慎!居于人的家中,若不戒惧谨慎,还可以处于人的国内吗?"现在若有人住在一国里得罪了国君,他还有邻国可逃往,然而父亲尚且要以此警诫他的儿子,兄长尚且要以此警诫他的弟弟,说:"戒惧!谨慎!处于一个国内,不可以不警诫,不可以不慎重!"但是现在人皆处于天下奉事上天,得罪了天,是无处可以逃往的,然而人反不知道互相警诫。我因此知道他们对于大的事情就不知道了。

是故子墨子言曰:"戒之!慎之!必为天之所欲,而去天之所恶。"曰:天之所欲者何也?所恶者何也?天欲义而恶其不义者也。何以知其然也?曰:义者,正也。何以知义之为正也?天下有义则治,无义则乱,我以此知义之为正也。

所以墨子说:"警诫!慎重!务必要做天所喜欢的事,除去天所憎恶的事。"天所喜欢的是什么呢？天所憎恶的又是什么呢？天喜欢合乎义的事，而憎恶不合乎义的事。何以见得如此呢？道：义就是正当的意思。何以知道义是正当的呢？因为天下有义就治理，无义就混乱，因此我知道义就是匡正天下的要素。

然而正者，无自下正上者，必自上正下。是故庶人不得次己而为正，有士正之；士不得次己而为正，有大夫正之；大夫不得次己而为正，有诸侯正之；诸侯不得次己而为正，有三公正之；三公不得次己而为正，有天子正之；天子不得次己而为政，有天正之。今天下之士君子，皆明于天子之正天下也，而不明于天之正天子也。[1]是故古者圣人，明以此说人曰："天子有善，天能赏之；天子有过，天能罚之。"天子赏罚不当，听狱不中，天下疾病祸福，霜露不时。天子必且犓豢其牛羊犬彘，洁为粢盛酒醴，以祷祠祈福于天。我未尝闻天之祷祈福于天子也。吾以此知天之重且贵于

---

[1] 编者按：此句缺译解，联系上下文似可补："现在天下的士君子对于天子匡正天下都很明白，但对于上天匡正天子却不明白。"

天子也。

　　但是讲到匡正天下,没有从下面匡正上面的道理,必须由上面去匡正下面。所以庶民不得任意地去管理人,还有士人来干涉他们;士人不得任意地去管理人,还有大夫来干涉他们;大夫不得任意地去管理人,还有诸侯来干涉他们;诸侯不得任意去管理人,还有三公来干涉他们;三公不得任意去管理人,还有天子来干涉他们;天子也不得任意地去管理人,还有上天来干涉他哩。古代的圣人明白地拿这话告诉人,他说:"天子有善行,上天能够赏赐他;天子若有过失,上天也能处罚他。"天子若赏罚得不适当,判罪若不公平,天就会降下疾病灾祸来,使霜露都失时反常。天子必定要将牛羊猪犬喂好,预备很洁净的酒饭,去向天祷告求福。但是我从来不曾听说天向天子来祷告求福的。因此我知道天比天子更贵重。

　　是故义者,不自愚且贱者出,必自贵且知者出。曰:谁为知?天为知。然则义果自天出也。今天下之士君子之欲为义者,则不可不顺天之意矣。

　　义既然不是出于愚笨的卑贱的,他必定是出于尊贵的与聪明的了。道:那么谁是顶尊贵的呢?谁是顶聪明的呢?天是顶尊贵的,天是顶聪明的。所以义果真是出于天的了。当今天下的士君子若想行事合乎义,就不可以不顺从天的意思了。

曰:顺天之意何若?曰:兼爱天下之人。何以知兼爱天下之人也?以兼而食之也。何以知其兼而食之也?自古及今,无有远灵孤夷之国,皆犓豢其牛羊犬彘,洁为粢盛酒醴,以敬祭祀上帝山川鬼神,以此知兼而食之也。苟兼而食焉,必兼而爱之,譬之若楚越之君。今是楚王食于楚之四境之内,故爱楚之人;越王食于越,故爱越之人。今天兼天下而食焉,我以此知其兼爱天下之人也。

怎样就是顺从天的意思呢?道:兼爱天下的人,就是顺从天的意思。何以知道兼爱天下的人是上天的意思呢?因为上天享食天下人民所有的物产。何以知道上天享食天下一切的人民的赋税物产呢?因为从古至今,无论什么遥远偏僻的国家,都要养牛羊喂猪犬,预备洁净的酒饭,很恭敬地去祭祀上帝、山川、鬼神,我因此知道上天享食天下一切人民的赋税物产。上天既然享食天下人民的供祭,他必定要兼爱天下的人民了,也就像楚国和越国的国君一样。现在楚王享食楚国四境之内的赋税物产,他就爱楚国的人民;越王享食越国四境之内的赋税物产,他就爱越国的人民。现在上天享食天下一切的赋税物产,我所以晓得上天必定兼爱天下的人民。

且天之爱百姓也,不尽物而止矣。今天下之国,粒食之民,杀一不辜者,必有一不祥。曰:谁杀不辜?曰:人也。孰予之不祥?曰:天也。若天之中实不爱此民也,何故而人有杀不辜,而天予之不祥哉?且天之爱百姓厚矣,天之爱百姓别矣,既可得而知也。何以知天之爱百姓也?吾以贤者之必赏善罚暴也。何以知贤者之必赏善罚暴也?吾以昔者三代之圣王知之。

并且上天之爱百姓,不单是由这一事证明的。现在天下所有的国家,凡是吃谷米的人民,若杀害了一个无罪之人,必定要获一桩灾祸。那么请问杀无罪的是谁呢?道:是人民。降凶祸的又是谁呢?道:是上天。倘若上天心中果真不爱这班百姓,为什么有人杀害了无罪之人时,天要降给他凶祸呢?由这一点可以知道上天爱百姓是极深厚的,上天爱百姓是极普遍的。何以知道天是这般地爱护百姓呢？我见贤人必定要赏赐善良，罚戮贪暴，因此知道天是这般深厚地爱护百姓。何以知道贤者必定要赏赐善良，罚戮贪暴呢？我由从前三代的圣王的行事知道的。

故昔也三代之圣王，尧舜禹汤文武之兼爱之天下也，从而利之，移其百姓之意焉，率以敬上帝山川鬼神。天以为从其所爱而爱之，从其所利而利之，于是加其赏焉，使之处上位，立为天子以法也，名之曰圣人。以此知其赏善之证。是故昔也三代之暴王，桀纣幽厉之兼恶天下也，从而贼之，移其百姓之意焉，率以诟侮上帝山川鬼神。天以为不从其所爱而恶之，不从其所利而贼之，于是加其罚焉。使之父子离散，国家灭亡，抎失社稷，忧以及其身，是以天下之庶民，属而毁之。业万世子孙继嗣，毁之贲不之废也，名之曰失王。以此知其罚暴之证。今天下之士君子欲为义者，则不可不顺天之意矣。

从前三代的圣王，如尧、舜、禹、汤、文、武等，都兼爱天下的人民，使他们都得到福利，激发百姓的心情，率领着他们去敬事上帝、山川、鬼神。天以为他们对于他所爱的人也爱护，对于他所要施福利的也施以福利，于是赏赐他们，使他们处在尊贵的位分，立他们为天子，而天下的百姓也都赞扬他，称之为圣人。由此可以证明上天赏赐善良。从前三代的暴君，如桀、纣、幽、厉等，兼恶天下的人民，贼害他们，感化百姓的心情，率领着他们去侮慢上帝、山川、鬼神。天以为他们对于他所爱的人反憎恶，对于他所要施以福利的反加以贼害，于是处罚他们，使他们父子离散，国家灭亡，社稷丧失，身被忧患，而天下的百姓也都毁骂他们。虽历经万世以后，他们仍受人家的毁骂，被称为失王。因此可以证明上天罚戮贪暴。当今天下的士君子若要行事合乎义，就不可以不顺从天的意思。

曰：顺天之意者，兼也；反天之意者，别也。兼之为道也，义正；别之为道也，力正。曰：义正者何若？曰：大不攻小也，强不侮弱也，众不贼寡也，诈不欺愚也，贵不傲贱也，富不骄贫也，壮不夺老也。是以天下之庶国，莫以水火毒药兵刃以相害也。若事上利天，中利鬼，下利人，三利而无所不利，是谓天德。故凡从事此者，圣知也，仁义也，忠惠也，慈孝也，是故聚敛天下之善名而加之。是其故何也？则顺天之意也。

　　顺从天的意思，就是实行兼爱；违反天的意思，就是分别亲疏。实行兼爱，就是以道义去治人；分别亲疏，就是用威力去治人。以道义去治人是怎样呢？是大国不去攻打小国，强盛的不欺负微弱的，人多的不贼害人少的，机诈的不欺骗愚笨的，尊贵的不傲视卑贱的，富庶的不看轻贫穷的，少壮的不侵凌衰老的。天下所有的国家，都不用水火、毒药、兵器互相贼害。此事上对于天有利，中对于鬼神有利，下对于人民也有利，三者都受到利益，这就叫作天德。凡是从事于此事的都是圣哲聪明，是合乎仁义的、忠诚仁厚的、讲慈爱的、行孝道的，所以要收集天下最好的名称加在他们的身上。这是什么缘故呢？就是因为他们顺从天的意思。

　　曰：力正者何若？曰：大则攻小也，强则侮弱也，众则贼寡也，诈则欺愚也，贵则傲贱也，富则骄贫也，壮则夺老也。是以天下之庶国，方以水火毒药兵刃以相贼害也。若事上不利天，中不利鬼，下不利人，三不利而无所利，是谓之贼。故凡从事此者，寇乱也，盗贼也，不仁不义，不忠不惠，不慈不孝，是故聚敛天下之恶名而加之，是其故何也？则反天之意也。

以威力治人的又是怎样呢？道：大国就去攻打小国，强威的就去欺侮微弱的，人多的就去贼害人少的，机诈的就去欺骗愚笨的，尊贵的就傲视卑贱的，富庶的就要看轻贫穷的，少壮的就要侵凌年老的。天下所有的国家都用水火、毒药和兵器互相贼害。此事上不利于天，中不利于鬼神，下不利于人民，三者都受到损害，这就叫作天贼。凡是从事于此事的都是扰乱治安的匪寇，都是盗贼，是不仁不义的、不忠诚的、无恩惠的、不慈爱的、不孝顺的，所以要收集天下最坏的名称加在他们的身上。这是什么缘故呢？就是因为他们违反了天的意思。

故子墨子置立天之，以为仪法，若轮人之有规，匠人之有矩也。今轮人以规，匠人以矩，以此方圆之别矣。是故子墨子置立天之，以为仪法，吾以此知天下之士君子之去义远也。

所以墨子设立天的意思为一切行事的法则，有如制车轮的人之有规，匠人之有矩。制车轮的人用规，匠人用矩，然后才可以辨别东西的方圆。墨子既设立天的意思为一切行事的法则,然后才知道天下的士君子远不合乎义。

何以知天下之士君子之去义远也?今知氏大国之君宽者然曰:"吾处大国而不攻小国,吾何以为大哉?"是以差论蚤牙之士,比列其舟车之卒,以攻罚无罪之国,入其沟境,刈其禾稼,斩其树木,残其城郭,以御其沟池,焚烧其祖庙,攘杀其牺牷。民之格者,则到拔之,不格者,则系操而归。大夫以为仆圉胥靡,妇人以为春酋。则夫好攻伐之君,不知此为不仁义,以告四邻诸侯曰:"吾攻国覆军,杀将若干人矣。"

何以知道天下的士君子远不合乎义呢?因为当今天下大国的国君都高唱侵凌邻国的论调,说:"我既有大国,而不去攻打小国,我们怎能算得是大国呢?"于是乃聚集谋臣战将,分遣舟车队伍,去攻打无罪的国家,攻入该国的国境,将禾麦割去,树木砍了,城郭摧毁,沟池填没,又焚烧其祖庙,屠杀牲口。人民抵抗都遭杀害,不抵抗的都把他们捆捉回来,男子当仆役马夫、囚犯苦工,妇人就做掌酒的奴婢。而一班喜欢攻战的国君不知道这事是不合乎仁义的,反去告诉他的四邻的诸侯道:"我攻打某国,将该国的军队打得大败,杀了将领若干员了。"

其邻国之君，亦不知此为不仁义也，有具其皮币，发其緫处，使人飨贺焉。则夫好攻伐之君，有重不知此为不仁不义也，有书之竹帛，藏之府库。为人后子者，必且欲顺其先君之行，曰："何不当发吾库，视吾先君之法美？"必不曰："文武之为正者若此矣。"曰："吾攻国覆军，杀将若干人矣。"则夫好攻伐之君，不知此为不仁不义也，其邻国之君，不知此为不仁不义也，是以攻伐世世而不已者。此吾所谓大物则不知也。

邻国的国君也不知道这是不合乎仁义的，于是预备皮革货币，派遣士卒车马，令人来致聘道贺。喜欢攻战的国君，这一来更不知道这事是不合乎仁义的了，于是更将这些战争胜利的事写在竹简上，记在素帛上，收藏在府库之中。后世继承为国君的，要遵行他的先君的遗训，必定要说："何不开开我们的府库，看我们先君遗下的教训是怎样的呢？"这上面必定不会说："文王和武王是这样去治理天下的。"必定是说："我攻打某国，将他们的军队歼毁，杀了若干将领。"所以喜欢攻战的国君不知道攻战是不合乎仁义的，他的邻国的国君也不知道这事是不合乎仁义的，因此攻战世世代代传下去，终不会休止。这就是我所说的:对于大事反不知道。

所谓小物则知之者何若?今有人于此,入人之场园,取人之桃李瓜姜者,上得且罚之,众闻则非之,是何也?曰:不与其劳,获其实,已非其有所取之故。而况有逾于人之墙垣,担格人之子女者乎?与角人之府库,窃人之金玉蚤累者乎?与逾人之栏牢,窃人之牛马者乎?而况有杀一不辜人乎?

所谓对于小事就知道又是怎么讲呢?现在假使此地有一个人,擅入他人的园中,窃取人家的桃李瓜姜,在上位的就要处罚他,众人闻知这事都要说他不对,这是什么缘故呢?因为他不曾出力去种瓜姜,而坐享利益,因为这不是他所有的,而他去窃取。窃取瓜果尚且不可,何况翻过他人的墙壁,去捉人家的子女哩?何况掘开他人的府库,偷窃人家的金玉布帛哩?何况混进他人的牛栏马圈,偷盗人家的牛马哩?更何况去杀一个无罪之人哩?

今王公大人之为政也,自杀一不辜人者,逾人之墙垣,担格人之子女者,与角人之府库,窃人之金玉蚤累者，与逾人之栏牢，窃人之牛马者，与入人之场园，窃人之桃李瓜姜者，今王公大人之加罚此也，虽古之尧舜禹汤文武之为政，亦无以异此矣。今天下之诸侯，将犹皆侵凌攻伐兼并，此为杀一不辜人者，数千万矣；此为逾人之墙垣，格人之子女者，与角人府库，窃人金玉蚤累者，数千万矣；逾人之栏牢，窃人之牛马者，与入人之场园，窃人之桃李瓜姜者，数千万矣。而自曰：义也。

当今的王公大人治理国家时，若有人杀害一个无罪的人，或是翻进人家的墙壁，去捉人家的子女，或是掘开人家的府库，偷窃人家的金玉布帛，或是混进人家的牛栏马圈，偷盗人家的牛马，或是擅入人家的果园菜圃，偷窃人家的桃李瓜姜，都要加以处罚。当今王公大人处罚这类的事，虽是古代的圣主，如尧、舜、禹、汤、文、武等之治理国家，亦不过如此。但是当今天下的诸侯仍都从于攻战，侵凌兼并他国，这个相比于杀一个无罪之人，相差数千万倍了；这个相比于翻进人家的墙壁，去捉人家的子女，掘开人家的府库，偷窃人家的金玉布帛，相差数千万倍了；这个相比于私入人家的牛栏马圈，偷盗人家的牛马，擅入人家的果园菜圃，窃取人家的桃李瓜果，也相差千万倍了。但是他们说:这是合乎义的。

故子墨子言曰:"是责[1]我者,则岂有以异是责黑白甘苦之辩者哉。"今有人于此,少而示之黑,谓之黑;多示之黑,谓白。必曰:"吾目乱,不知黑白之别。"今有人于此,能少尝之甘,谓甘;多尝,谓苦。必曰:"吾口乱,不知其甘苦之味。"今王公大人之政也,或杀人,其国家禁之,此蚤越有能多杀其邻国之人,因以为文义,此岂有异责白黑甘苦之别者哉?

所以墨子说:"这样将义混乱不分,何异于将黑白甜苦混乱不分呢?"现在假使此地有一个人,给他看少许黑颜色,他说是黑的;多给他看些黑颜色,他反说是白的。那么他必要说:"我的眼睛昏花,不能分辨黑白了。"现在假使此地有一个人,少给他尝点甜的,他说是甜的;多给他尝些甜的后,他反说是苦的。那么他必要说:"我的口味错乱,不能分辨甜和苦了。"现在的王公大人治理国家时,国内人民若杀害了无罪之人,要加以禁止,但是若有人能够多多地去杀邻国的人,就说他是合

---

[1] 原注:旧作"蕡",以意改。

乎义的,这个和黑白错乱、甜苦不分有什么分别呢?

故子墨子置天之以为仪法。非独子墨子以天之志为法也,于先王之书,《大夏》之道之然:"帝谓文王,予怀明德,毋大声以色,毋长夏以革,不识不知,顺帝之则。"此诰文王之以天志为法也,而顺帝之则也。且今天下之士君子,中实将欲为仁义,求为上士,上欲中圣王之道,下欲中国家百姓之利者,当天之志而不可不察也。天之志者,义之经也。

所以墨子设立天的意思为一切行事的法则。不但墨子以天的意思为法则,就是先王的书《诗经·大雅》上也是这样讲的,上面说:"天帝向文王说:我但归向人君有光明之德的,他不说大话,不矫饰外貌,不尊重诸夏以变更王法。其为人不识古,也不知今,但顺着天帝的法则行去。"这乃是告诉文王应当以天的意思为法则,顺着天帝的法则而行。所以当今天下的士君子心中果真要想行仁义,想做上士,上想合乎圣王之道,下求对国家人民有利,那么对于天的意思,是不可以不留心考察的。天的意思,也就是义的经纬。

明鬼 下

子墨子言曰:"逮至昔三代圣王既没,天下失义,诸侯力正[1]。是以存夫为人君臣上下者之不惠忠也,父子弟兄之不慈孝弟长贞良也,正长之不强于听治,贱人之不强于从事也。民之为淫暴寇乱盗贼,以兵刃毒药水火,退无罪人乎道路率径,夺人车马衣裘以自利者,并作由此始,是以天下乱。此其故何以然也?则皆以疑惑鬼神之有与无之别,不明乎鬼神之能赏贤而暴罚也。今若使天下之人,偕若信鬼神之能赏贤而罚暴也,则夫天下岂乱哉!"

墨子说:"自从当初三代的圣王死后,天下人遂都不讲道义,诸侯都用武力互相征伐。这无非因为人君对于臣下不肯施恩惠,臣子对于主上不肯尽忠心,父兄对子弟不慈爱,子弟对父兄不孝敬,官长不肯勉力地去办公,平民不肯勉力地去做事。人民又做凶暴淫乱的事,抢劫偷盗,无所不为,用兵器、毒

---

[1] 原注:"正"同"征"。

药和水火，在路上劫害无辜之人，抢人家的车马或衣服，使自己获得相当的利益，种种害人的行为，一起从此时开始，所以天下乱了。这是什么缘故呢？这都是由于百姓们对于鬼神的有无疑惑不定，对于鬼神之能够赏赐贤人、诛戮贪暴这一层，尚未能了解，未能深信。现在假使天下人都相信鬼神能赏赐贤人、诛戮贪暴的话，天下怎么会乱呢？"

今执无鬼者曰："鬼神者，固无有。"旦暮以为教诲乎天下之人，疑天下之众，使天下之众皆疑惑乎鬼神有无之别，是以天下乱。是故子墨子曰："今天下之王公大人、士君子，实将欲求兴天下之利，除天下之害，故当鬼神之有与无之别，以为将不可以明察此者也。"

当今执无鬼论的一班人都说："鬼神是没有的。"早晚又用这话去向天下的人宣传，惑乱天下人之心，使天下人对于鬼神的存在都怀疑不定，因此天下就乱了。所以墨子说："当今天下的王公大人和士君子们，果真要想为天下人求福利，替天下人除患害，那么对于鬼神的有无，是不可以不考察清楚的。"

既以鬼神有无之别，以为不可不察已，然则

吾为明察此,其说将奈何而可?子墨子曰:"是与天下之所以察知有与无之道者,必以众之耳目之实知有与亡为仪者也。请惑闻之见之,则必以为有;莫闻莫见,则必以为无。若是,何不尝入一乡一里而问之,自古以及今,生民以来者,亦有尝见鬼神之物,闻鬼神之声,则鬼神何谓无乎?若莫闻莫见,则鬼神可谓有乎?"

既然鬼神的有无是不可以不考察清楚的,那么我们怎样去将鬼神的有无考察清楚呢?墨子说:"要考察一件事情的有无,必须以众人耳目所闻见的实际的经验作为标准。假使有所听见,有所看见,那么就必定以为这事是有的了;假使不曾听见过,也不曾看见过,那么就必定以为这事是没有的了。既然如此,何不到一个乡里去,询问该地的居民,倘使他们回答,从古至今,有人曾看见过鬼神的形状,听见过鬼神的声音,那怎么可以说鬼神是没有的呢?假使他们回答,没有人看见过鬼神的形状,听见过鬼神的声音,那怎么可以说鬼神是有的呢?"

今执无鬼者言曰:"夫天下之为闻见鬼神之物者,不可胜计也。亦孰为闻见鬼神有无之物哉?"子墨子言曰:"若以众之所同见与众之所同闻,则若昔者杜伯是也。"

现在执无鬼论的都说:"天下人说曾听见过鬼神的声音,看见过鬼神的形状的,不可以胜计。那么究竟谁看见过鬼神的形状,听见过鬼神的声音呢?"墨子说:"若以众人所共同看见的和众人所共同听见的为准,那当初杜伯的事就是一个好例子。"

周宣王杀其臣杜伯而不辜。杜伯曰:"吾君杀我而不辜。若以死者为无知,则止矣;若死而有知,不出三年,必使吾君知之。"其三年,周宣王合诸侯而田于圃,田车数百乘,从数千人,满野。日中,杜伯乘白马素车,朱衣冠,执朱弓,挟朱矢,追周宣王,射入车上,中心折脊,殪车中,伏弢而死。当是之时,周人从者莫不见,远者莫不闻,著在周之春秋。为君者以教其臣,为父者以警其子,曰:"戒之!慎之!凡杀不辜者,其得不祥,鬼神之诛,若此之憯遬也!"以若书之说观之,则鬼神之有,岂可疑哉?

当初杜伯不曾犯死罪,周宣王将他杀了。杜伯临死时说:"我不曾犯死罪,而我的国君却要杀死我。死者若无知,也就罢了;倘若死者有知,不出三年之内,必定要使国君知道。"到了第三年,周宣王会合诸侯在圃田打猎,田猎用的木车有数百辆,随从有数千人,野外都布满了。到了正午时,杜伯忽然出现,驾着白马素车,穿着朱红色的衣服,戴着朱红色的冠帽,拿着朱红色的弓,挟着朱红色的箭,追赶周宣王,对着他的车上放箭,一箭射中宣王的心窝,宣王的脊梁折断,跌倒在车里,伏在弓袋上死了。那个时候,周人参加田猎的都亲眼看见这事,远方的人都听见这事,这事曾记载在周的国史上面。为人君的都以此事教训他的臣子,为人父的都以此事警诫他的儿子,说:"戒惧!谨慎!凡是杀无罪的,他得到凶祸,受鬼神的诛罚,是这般快啊!"照这书上所说的看来,鬼神的存在有什么可以怀疑的呢?

非惟若书之说为然也。昔者郑穆公,当昼日中处乎庙,有神入门而左,鸟身,素服三绝,面状正方。郑穆公见之,乃恐惧奔。神曰:"无惧!帝享女明德,使予锡女寿十年有九,使若国家蕃昌,子孙茂,毋失。"郑穆公再拜稽首曰:"敢问神名?"

曰:"予为句芒。"若以郑穆公之所身见为仪,则鬼神之有,岂可疑哉?

  非但这本书上这样讲。从前秦穆公有一天正午时,在庙里看见一个神人从门外进来。这位神人,人面鸟身,穿着素色的衣服,滚着黑色的边,脸是方方的。秦穆公看见了,大为恐惧,于是急忙逃走。神说:"不要害怕!天帝甚喜你的明德,命我赐你十九年阳寿,使你的国家昌盛,子孙兴旺,没有过失。"秦穆公再三叩拜,说:"请问尊神的大名?"神说:"我乃句芒神是也。"若以秦穆公所亲见的事为准,那鬼神的存在,又岂容人怀疑呢?

  非惟若书之说为然也。昔者燕简公杀其臣庄子仪而不辜,庄子仪曰:"吾君王杀我而不辜。死人毋知亦已;死人有知,不出三年,心使吾君知之。"期年,燕将驰祖。燕之有祖,当齐之社稷,宋之有桑林,楚之有云梦也,此男女之所属而观也。日中,燕简公方将驰于祖涂,庄子仪荷朱杖而击之,殪之车上。当是时,燕人从者莫不见,远者莫不闻,著在燕之春秋。诸侯传而语之曰:"凡杀不辜者，其得不祥，鬼神之诛，若此其憯遬也！"以若书之说观之，则鬼神之有，岂可疑哉？

不但这个书上这样讲。从前燕简公的臣子庄子仪不曾犯死罪，燕简公将他杀了，庄子仪临死的时候说："我并不曾犯死罪，而君王却要杀我。死人倘若无知便罢；死人倘若有知，不出三年，我必定要令我的国君知道。"过了一年，燕简公将往祖泽去打猎。燕国的祖泽有如齐国的社稷、宋国的桑林、楚国的云梦一样，燕国的百姓，男女都约齐了去看打猎。到了正午时，燕简公正驾着车子在祖泽的大路上跑，庄子仪突然出现，拿着一根朱红色的拐杖来打简公，简公遂被击中，倒在车上死了。那个时候，燕人随从打猎的都曾亲眼看见，远方的人也都闻知此事，此事曾记在燕国的国史上面。诸侯都把它当一件谈话的资料，都说："凡是杀无罪的，他获得凶祸，受鬼神的诛罚，是这般快啊！"照这个书上看来，鬼神的存在怎么可以容人疑惑不信呢？

非惟若书之说为然也。昔者宋文君鲍之时，有臣曰祏观辜，固尝从事于厉。祩子杖揖出，与言曰："观辜！是何珪璧之不满度量？酒醴粢盛之不净洁也？牺牲之不全肥？春秋冬夏选失时，岂女为之与？意鲍为之与？"观辜曰："鲍幼弱，在荷褓之中，鲍何与识焉？官臣观辜特为之。"袾子举揖而槁之，殪之坛上。当是时，宋人从者莫不见，远者莫不闻，著在宋之春秋。诸侯传而语之曰："诸不敬慎祭祀者，鬼神之诛，至若此其憯遫也！"以若书之说观之，鬼神之有，岂可疑哉？

非但这个书上这样讲。从前宋文君鲍的时候，有一个臣子名叫祏观辜，他是掌理祭祀的。他有一次到神祠里去，万神凭附在祝吏的身上，拿了一根木杖走出来，对观辜说道："观辜！珪玉和璧玉为何不合规定的度量？酒饭怎么不洁净？祭祀用的牛怎么不肥壮？毛色怎么不纯？春夏秋冬所献的祭品都失其常时，这是你干的事吗？还是你国君做的事呢？"观辜说："鲍的年纪尚小，他还睡在裸被里哩，怎么会晓得这些事呢？是管理这事的臣子观辜所做的事。"被神所凭附的祝吏遂举起木杖来击观辜，将观辜击倒，令其死在祭坛上。那个时候，宋国人当场的都曾亲眼看见，远方的人都听见这件事情，此事并且曾记载在宋国的国史中。诸侯都互相传说这件事情，都说："凡是对于祭祀不恭敬、不小心谨慎的，鬼神的诛戮的降临，是这样快啊！"照这个书上看来，鬼神的存在怎么可以容人疑惑不信呢？

非惟若书之说为然也。昔者齐庄君之臣,有所谓王里国、中里徼者,此二子者,讼三年而狱不断。齐君由谦杀之,恐不辜;犹谦释之,恐失有罪。乃使之人共一羊,盟齐之神社。二子许诺。于是洰洫,㓣羊而漉其血。读王里国之辞,既已终矣,读中里徼之辞未半也,羊起而触之,折其脚。祧神之而槁之,殪之盟所。当是时,齐人从者莫不见,远者莫不闻,著在齐之春秋。诸侯传而语之曰:"请品先不以其请者,鬼神之诛,至若此其憯遬也!"以若书之说观之,鬼神之有,岂可疑哉?

不但这个书上这样讲。从前齐庄公有两个臣子,一个名叫王里国,一个名叫中里徼,这两个人打了三年的官司,司法的还是不能决定他们谁是谁非。齐庄公想将他们二人都杀掉,又恐怕累及无辜之人;预备将二人一起放了,又恐怕让有罪的逃脱了。于是乃命他们二人牵一头羊,往神祠里去发誓。两人都答应了。于是二人遂各自发誓,先将羊杀了,把羊血洒在社土上。将王里国的誓词读完,再宣读中里徼的誓词,中里徽的誓词尚不曾读至一半,死羊突然跳了起来,触中里徽,把他的脚给触断。守社的见死羊显灵,乃将中里徽击倒,令其死在他发誓的地方。那时齐国的人,当场的都曾亲眼看见这事,远方的人莫不闻知这件事,此事并且曾记在齐国的国史中。诸侯们都互相传说这件事情,都说:"发誓不诚实的,鬼神的诛罚的降临,是这样快啊!"照这个书上看来,鬼神的存在怎么可以容人疑惑不信呢?

是故子墨子言曰:"虽有深溪博林,幽涧毋人之所,施行不可以不董,见有鬼神视之。"

所以墨子说:"虽是深山里面,森林里面,幽微隔绝,无人的去处,行事都不可以不谨慎,因为有鬼神在旁边看着。"

今执无鬼者曰:"夫众人耳目之请,岂足以断疑哉?奈何其欲为高君子于天下,而有复信众之耳目之请哉?"子墨子曰:"若以众之耳目之请,以为不足信也,不以断疑,不识若昔者三代圣王尧舜禹汤文武者,足以为法乎?"故于此乎自中人以上皆曰:"若昔者三代圣王,足以为法矣。"若苟昔者三代圣王足以为法,然则姑尝上观圣王之事。

昔者武王之攻殷诛纣也，使诸侯分其祭曰："使亲者受内祀，疏者受外祀。"故武王必以鬼神为有，是故攻殷伐纣，使诸侯分其祭。若鬼神无有，则武王何祭分哉？

现在一班执无鬼论的都说："由普通人耳闻目见的情实，岂可以以之解释这疑点呢？岂有要做上士君子的，反相信普通人耳闻目见的情实呢？"墨子说："倘若以为众人耳闻目见的情实不足相信，不可以用来解释这疑点，不知像当初三代的圣王如尧、舜、禹、汤、文、武等，可以为法则吗？"中等人以上的都说："从前三代的圣王是足以为我们的法则的。"从前三代的圣王既然可以为我们作法则，那么现在且来看这几个圣王的事迹是怎样的。当初周武王既灭了殷，诛戮纣王后，命诸侯们分掌殷朝的祭祀，说："同姓之国得立祖王之庙，异姓之国得祭山川四望之属。"可见得周武王必定以为鬼神是有的，所以他将殷灭却后，才命诸侯分掌祭祀。假使真没有鬼神的话，武王何必要分派诸侯去掌祭祀呢？

非惟武王之事为然也，故圣王其赏也必于祖，其僇也必于社。赏于祖者何也？告分之均也。僇于社者何也？告听之中也。

不但武王的行事如此，凡是古代的圣王，他赏赐功臣时必定要在祖庙里举行，诛戮罪人时必定要在祠社里举行。行赏为何一定要在祖庙里呢？因为要向鬼神显示分派之平均。行罚为何一定要在祠社里面呢？因为要向鬼神显示判断之公允。

非惟若书之说为然也，且惟昔者虞夏商周三代之圣王，其始建国营都日，必择国之正坛，置以为宗庙；必择木之修茂者，立以为菆位；必择国之父兄慈孝贞良者，以为祝宗；必择六畜之胜，腯肥倅毛以为牺牲；珪璧琮璜，称财为度；必择五谷之芳黄，以为酒醴粢盛，故酒醴粢盛，与岁上下也。故古圣王治天下也，故必先鬼神而后人者此也。故曰：官府选效，必先祭器祭服毕藏于府；祝宗有司，毕立于朝；牺牲不与昔聚群。故古者圣王之为政若此。

不但这些书上这样讲，而且从前虞、夏、商、周的圣王的行事也是如此。当初虞、夏、商、周的圣王，他们初建国营造都城时，必定先要在国中择一适当的地方，修造祖庙；必定先要选一草木茂盛的所在,设下神祠;必须要在国中择选慈孝善良的父兄,命他们去做太祝和宗伯;必须要在六畜中挑选体格肥壮的、毛色纯的,去祭神祖;珪璧琮璜等祭祀用的玉器,都要适合规定的度量;五谷中必须要择黄熟芳香的,去酿酒造饭,酒饭等祭品的多寡都须依每年年成的好坏而定。所以古代的圣王之治理天下,必定先要去照管鬼神之事,然后再顾到人事,就是因为这个缘故。所以说:官府中的设备以先治祭器、祭服为急务,将它们都预备齐全,收藏在府库中;将太祝宗伯等都分派停当,使他们一起立于朝堂之上;祭神用的牲畜,平时不与通常养的牲口聚在一起。古代的圣王,他们执政的方法是这样的。

古者圣王,必以鬼神为有,其务鬼神厚矣。又恐后世子孙不能知也,故书之竹帛,传遗后世子孙;咸恐其腐蠹绝灭,后世子孙不得而记,故琢之盘盂,镂之金石以重之;有恐后世子孙不能敬莙以取羊,故先王之书,圣人一尺之帛,一篇之书,语数鬼神之有也,重有重之。此其故何? 则圣王务之。今执无鬼者曰:"鬼神者固无有。"则此反圣王之务。反圣王之务,则非所以为君子之道也!

古代的圣王必定以为鬼神是有的,所以他们对于鬼神之事才这般关切,这般重视。恐怕后世子孙不能够知道他们的用心,所以又写在竹简上面,记在素帛上面,传给后世的子孙;又恐怕它们腐败蠹坏了,因此绝迹,而后世的子孙忘怀了,所以更琢在盘盂上面,刻在金石上面,以昭慎重;还恐怕后世的子孙不能恭敬小心地去奉事鬼神,获得福禄,因此先王的书上,记载着圣人说的话,虽是一尺帛上,一篇书上,论到鬼神之事,是屡见不鲜,并且重重复复,说了又说。这是为何呢?因为圣王以敬事鬼神为急务啊。现在执无鬼论的说:"鬼神原来是没有的。"这乃是与圣王的行事相违反的。违反圣王的行事的,就不是君子所行之道!

今执无鬼者之言曰:"先王之书,慎无一尺之帛,一篇之书,语数鬼神之有,重有重之,亦何书之有哉?"子墨子曰:"周书《大雅》有之。《大雅》曰:'文王在上,於昭于天。周虽旧邦,其命维新。有周不显,帝命不时。文王陟降,在帝左右。穆穆文王,令问不已。'若鬼神无有,则文王既死,彼岂能在帝之左右哉?此吾所以知周书之鬼也。"

现在执无鬼论的说:"先王的书上,既然每一尺帛上、每一篇书上都再三地说鬼神是有的,重重复复,讲了又讲,那么究竟哪本书上讲的呢?"墨子说:"《诗经》里《大雅》上有的。《大雅》上说:'文王在万民之上,其功德显著于天。周的功业怎么不光明?天帝所授的命怎么是不对的?文王的神灵升降于宇宙之中,常在天帝的左右。勤勉为政的文王,他的声名永垂不朽。'假使没有鬼神的话,那文王死后,他怎么能够在天帝的左右呢?因此我知道周书上说鬼是有的。"

且周书独鬼,而商书不鬼,则未足以为法也。然则姑尝上观乎商书曰:"呜呼!古者有夏,方未有祸之时,百兽贞虫,允及飞鸟,莫不比方。矧佳人面,胡敢异心?山川鬼神,亦莫敢不宁。若能共允,佳天下之合,下土之葆。"察山川鬼神之所以莫敢不宁者,以佐谋禹也。此吾所以知商书之鬼也。

假使只有周书上说有鬼神,而商朝的书上却说没有鬼神,那么有鬼之说仍不足信。现在且向上看商代的书上怎样讲法,商书上说:"唉!当古代夏朝尚未曾发生祸患之时,一切的兽类爬虫以及飞鸟,莫不依道而行,何况人类,谁敢怀有异心?山川鬼神,莫不安宁。若能恭敬诚实,就可以将天下统一,保守不失。"细察山川鬼神之所以莫不安宁,就是因为他们佐助大禹。因此我知道商朝的书上说鬼神是有的。

且商书独鬼,而夏书不鬼,则未足以为法也。然则姑尝上观乎夏书《禹誓》。曰:"大战于甘,王乃命左右六人,下听誓于中军曰:'有扈氏威侮五行,怠弃三正,天用剿绝其命。'有曰:'日中,今予与有扈氏争一日之命。且尔卿大夫庶人,予非尔田野葆士之欲也,予共行天之罚也。左不共于左,右不共于右,若不共命。御非尔马之政,若不共命。'是以赏于祖而僇于社。"赏于祖者何也?言分命之均也。僇于社者何也?言听狱之事也。故古圣王必以鬼神为赏贤而罚暴,是故赏必于祖,而僇必于社。此吾所以知夏书之鬼也。

若只有商朝的书上说鬼神是有的,而夏朝的书上却不这样说,那么有鬼之说仍未足信。现在且向上看夏朝的书上怎样说。《禹誓》上说:"大战将在甘地[1]开始,王乃命左右六军

---

[1] 原注:甘是地名,在今陕西鄠县。编者按:现为陕西省西安市鄠邑区。

的将领下车来听训话。王说道:'有扈氏倚恃威力,侮慢五行[1],废弃三正[2],天所以命我们去灭掉他。'又说:'中午了,今天我要和有扈氏拼一个死活。你们这班卿大夫和平民,我并不要你们的田野和宝玉,我不过是在替天行诛戮罢了。车子左面掌射的,和车子右面执戈的,若玩忽你们的职守,都要以不服从命令论。驾车若不将马驾驭正,也以不奉命令论。'所以行赏时必定要在祖庙里面,处罚时必定要在神祠里面。"为什么一定要在祖庙里面行赏呢?是表明分配之平均。为什么一定要在神祠里面行罚呢?是表明处理之公正。古代圣王的意思,必定以为鬼神是要赏赐贤人的,是要诛戮贪暴的,所以他们才定要在祖庙里行赏赐,在神祠里行罚戮。我因此知道夏朝的书上也说鬼神是有的。

故尚者夏书,其次商周之书,语数鬼神之有也,重有重之,此其故何也?则圣王务之。以若书之说观之,则鬼神之有,岂可疑哉?于古曰吉日丁卯,周代祝社方岁于社考,以延年寿。若无鬼神,彼岂有所延年寿哉!

---

[1] 原注:仁、义、礼、智、信谓之"五行"。
[2] 原注:天、地、人谓之"三正"。

所以最上有夏朝的书,其次有商朝的书、周朝的书,都再三地说鬼神是有的。这类的话屡见不鲜,讲了又讲,这是什么缘故呢?就是因为圣王以敬事鬼神为急务。照这些书上看来,鬼神的存在岂容我们疑惑不信呢?并且古时在丁卯吉日这天,须祭祀土地之神和四方的神灵,每年还有一定的时候去祭祀祖先,以求延年益寿。假使没有鬼神的话,向谁去求延年益寿呢?

是故子墨子曰:"尝若鬼神之能赏贤如罚暴也。"盖本施之国家,施之万民,实所以治国家利万民之道也。若以为不然,是以吏治官府之不洁廉,男女之为无别者,鬼神见之。民之为淫暴寇乱盗贼,以兵刃毒药水火,退无罪人乎道路,夺人车马衣裘以自利者,有鬼神见之。是以吏治官府不敢不洁廉,见善不敢不赏,见暴不敢不罪;民之为淫暴寇乱盗贼,以兵刃毒药水火,退无罪人乎道路,夺车马衣裘以自利者,由此止。是以天下治。

所以墨子说:"应当相信鬼神能够赏赐贤良,诛戮贪暴。"因为具有这种观念后,去治理国家,去治理万民,然后才能令国家治理，使人民都获得利益。譬如官吏治理官府时若不清廉，男女若混杂没有分别，鬼神都看见了。人民若做淫邪横暴之事，扰乱治安，偷盗抢劫，在路上用兵器、水火、毒药等劫人，抢夺人家的车马衣服，使自己得到相当的利益，也有鬼神看见。若具有这一类的观念后，官吏治理官府时，就不敢不廉洁自爱，见有贤人，就不敢不赏，见有贪暴，就不敢不罚；而人民原来做荒淫横暴之事，扰乱治安，抢劫偷盗，用兵器、毒药和水火在路上拦劫人的，也因此绝迹。所以天下就太平了。

  故鬼神之明，不可为幽闲广泽，山林深谷，鬼神之明必知之。鬼神之罚，不可恃富贵众强，勇力强武，坚甲利兵，鬼神之罚必胜之。若以为不然，昔者夏王桀贵为天子，富有天下，上诟天侮鬼，下殃傲天下之万民，祥上帝伐元山帝行。故于此乎，天乃使汤至明罚焉。汤以车九两，鸟陈雁行，汤乘大赞犯，遂下众人之蟜遂，王乎禽推哆大戏。

  鬼神是明察秋毫的。他们不为幽深隐微之处或是广大的水泽以及山林溪谷所掩蔽，能够察及世间一切隐微的事。鬼神若施诛戮，不为富贵人多、势力强盛、威武有力或是坚固的铠甲和锐利的兵器所影响,鬼神所施的诛戮能够胜过这一切的阻碍。倘使以为这话不对的话,那么试看以下的例子:从前夏王桀贵为天子,富有天下,但是他上诟骂天帝,侮慢鬼神,下殃害天下的人民,又欺诈上帝,砍去郊坛的社树。于是天帝乃命汤去惩罚他。汤用九辆车子,摆开乌云阵势,雁字行列,从大赞的间道进兵,从高而下,追逐夏人,遂攻入夏的郊外,汤王将推哆大戏[1]捉获。

　　故昔夏王桀,贵为天子,富有天下,有勇力之人推哆大戏,主别兕虎,指画杀人,人民之众兆亿,侯盈厥泽陵,然不能以此圉鬼神之诛。此吾所谓鬼神之罚,不可为富贵众强、勇力强武、坚甲利兵者,此也。

　　夏王桀虽贵为天子,富有天下,又有勇力,能将大牛推移动,能生裂野牛和老虎,指画之间足以致人死命,他的人民有数百万,将山陵和近水的地方都给住满了,然而他仍旧不能以此反抗鬼神的诛戮。所以我说:鬼神施诛戮时,不受富贵人多、势力强盛、威武有力或是坚固的铠甲和锐利的兵器的影

---

[1] 原注:"推哆大戏"是桀的别号。"推哆大戏"即推移大牺(牛)之义,因为桀力大无穷,能推移大牛,遂以此为号。

响,我之所以这样说,就是因为这个缘故。

且不惟此为然。昔者殷王纣贵为天子,富有天下,上诟天侮鬼,下殃傲天下之万民,播弃黎老,贼诛孩子,楚毒无罪,刳剔孕妇,庶旧鳏寡,号咷无告也。故于此乎,天乃使武王至明罚焉。武王以择车百两,虎贲之卒四百人,先庶国节窥戎,与殷人战乎牧之野,王乎禽费仲、恶来,众畔百走。武王逐奔入宫,万年梓株,折纣而系之赤环,载之白旗,以为天下诸侯僇。

不但桀的事是如此。从前殷王纣贵为天子,富有天下,但是他上诟骂天帝,侮慢鬼神,下贼害天下的人民,又不敬重父老,反伤害儿童,用炮烙之刑,烧炙无罪之人,剖割孕妇,遭难的家属都悲愁叹息,无处申诉。于是天帝乃命武王去诛罚他。武王用一百辆精选的兵车、四百名勇壮的兵士,率领着一班已受符节的诸侯群臣去观兵伐纣,和殷人战于牧地的野外,将费仲和恶来等一起擒获,殷王的人众都倒戈逃走。武王追进宫去,折下万年的梓树枝来,将纣王击死,把他的头割下来,用赤环系起,挂在太白旗杆上,为天下的诸侯行诛戮。

故昔者殷王纣贵为天子,富有天下,有勇力之人费中、恶来、崇侯虎,指寡杀人,人民之众兆亿,侯盈厥泽陵,然不能以此围鬼神之诛。此吾所谓鬼神之罚,不可为富贵众强、勇力强武、坚甲利兵者,此也。且《禽艾》之道之曰:"得玑无小,灭宗无大。"则此言鬼神之所赏,无小必赏之;鬼神之所罚,无大必罚之。

纣王贵为天子,富有天下,又有有勇力的人,如费仲、恶来、崇侯虎等,众人辅佐,指画之间就可以置人于死地,他的人民又多,有数百万人,把高山上和近水的地方都给住满了,然而他终不能够禁止鬼神的诛罚。我之所以说鬼神行诛罚时,不受富贵强盛、人多势重、威武有力或是坚固的铠甲和锐利的兵器所影响,就是因为这个原因。并且《禽艾》上曾说过:"德行是不论它怎样小的,灭族之罪是不论它多么大的。"这就是说:鬼神行赏时,不论德怎么微小,也都要赏;鬼神行罚时,不论罪多么微小,也都要罚。

今执无鬼者曰:"意不忠亲之利,而害为孝子乎?"子墨子曰:"古之今之为鬼,非他也。有天鬼,亦有山水鬼神者,亦有人死而为鬼者。今有子先其父死，弟先其兄死者矣，意虽死[1]然，然而天下之陈物曰：先生者先死。若是，则先死者非父则母，非兄而姒也。今洁为酒醴粢盛，以敬慎祭祀，若使鬼神诚有，是得其父母姒兄而饮食之也，岂非厚利哉？若使鬼神诚亡，是乃费其所为酒醴粢盛之财耳。自夫费之，特注之污壑而弃之也。内者宗族，外者乡里，皆得如具饮食之。虽使鬼神诚亡，此犹可以合欢聚众，取亲于乡里。"

现在执无鬼论的又说："主张有鬼，这或者不利于父母，而有害于孝子之道吧？"墨子说："古今为鬼的，有三种说法：有天上的鬼神，有山川的鬼神，也有人死后变成鬼的。虽然也有时候儿子比父亲先死，兄弟比哥哥先死的，但是照天下的常理讲来，总是先生的先死。那么，先死的不是父亲便是母亲，不是哥哥便是姐姐了。现在预备洁净的酒饭，恭敬小心地去祭祀，假使鬼神是真有的话，这无异于把父母兄姐请来进饮食，这对于他们不是很有益处的吗？假使鬼神实在是没有的话，这不过稍微破费了点钱财，去预备酒饭和祭畜罢了。而且所谓破费，也并不是把酒饭等祭品倒在沟里，白掷了的。内里如同族

---

[1] 原注：一本作"使"。

之人,外面如乡里邻居,都可以请他们来饮宴。就假使鬼神是真没有的话,这个也可以聚集邻人,联络乡里的感情呀。"

今执无鬼者言曰:"鬼神者固诚无有,是以不共其酒醴粢盛牺牲之财。"吾非乃今爱其酒醴粢盛牺牲之财乎?其所得者臣将何哉?此上逆圣王之书,内逆民人孝子之行,而为上士于天下,此非所以为上士道也。是故子墨子曰:"今吾为祭祀也,非直注之污壑而弃之也,上以交鬼之福,下以合欢聚众,取亲乎乡里。若神有,则是得吾父母弟兄而食之也,则此岂非天下利事也哉?"

现在执无鬼神论的人说:"鬼神本来就是没有的,所以不必花费钱财,去预备这些酒饭牺牲等祭品。"这不是爱惜钱财,舍不得去预备酒饭牺牲等祭品吗?他们这样又得到些什么好处呢?他们这种行为,上面违反了圣王的书上所说的话,内里违背了孝子的行事,还要想去做天下的上士,这实在不是做上士所应行之道呀。所以墨子说:"现在我们去祭祀鬼神,并不是单将祭品倒在沟里,白掷弃掉,我们这样一来,上可以求鬼神降福禄,得到他们的保佑,下可以与众人聚会联欢,联络乡里间的感情。假使鬼神是真有的,则是将父母兄姐请了来一同进食,这不是天下极有益处的事吗?"

是故子墨子曰:"今天下之王公大人士君子,中实欲求兴天下之利,除天下之害,当若鬼神之有也,将不可不尊明也,圣王之道也。"

所以墨子说:"当今天下的王公大人、士君子们,心中果真想为天下人求福利,为天下人除患害的话,那么对于鬼神存在之说,是不可以不加以重视,是不可以不加以阐明的,因为这样方才是圣王所行之道。"

非乐 上

子墨子言曰:"仁之事者,必务求兴天下之利,除天下之害,将以为法乎天下。利人乎,即为;不利人乎,即止。且夫仁者之为天下度也,非为其目之所美,耳之所乐,口之所甘,身体之所安。以此亏夺民衣食之财,仁者弗为也。"

墨子说:"仁人的行事,务必要为天下人求福利,为天下除患害,做天下人的法则。凡是有利于人的,就去做;不利于人的,就不去做。并且仁人为天下人设计,总以增进天下人的福利为前提,并不是要他眼睛觉得好看,耳朵觉得好听,嘴里觉得好吃,他才去做。若因为要满足自己的耳目口腹,遂损及人民的衣食财用,这是仁人所不做的事。"

是故子墨子之所以非乐者,非以大钟、鸣鼓、琴瑟、竽笙之声,以为不乐也;非以刻镂华文章之色,以为不美也;非以犓豢煎炙之味,以为不甘也;非以高台厚榭,邃野之居,以为不安也。虽身知其安也,口知其甘也,目知其美也,耳知其乐也,然上考之不中圣王之事,下度之不中万民之利。是故子墨子曰:"为乐非也。"

　　墨子之所以要反对音乐,并不是以为大钟、鸣鼓、琴瑟、笙竽的声音不好听;并不是以为雕刻有纹理的色彩不华美;并不是以为六畜的肉煎炙烹调的味道不鲜美;并不是以为高的台榭、深的屋宇不舒适。但是身体虽然觉得舒适,嘴里虽然觉得味道好,眼睛虽然觉得好看,耳朵虽然觉得好听,然而上考之于古代的史迹,见其不与圣人的行事相合,下度之于当今的时事,见其不利于人民。所以墨子说:"从事于音乐是不对的。"

　　今王公大人虽无造为乐器,以为事乎国家,非直掊潦水,拆壤垣而为之也,将必厚措敛乎万民,以为大钟、鸣鼓、瑟琴、竽笙之声。譬之若圣王之为舟车也,即我弗敢非也。古者圣王亦尝厚措敛乎万民,以为舟车。既以成矣,曰:"吾将恶许用之?"曰:"舟用之水,车用之陆,君子息其足焉,小人休其肩背焉。"故万民出财赍而予之,不敢以为戚恨者,何也? 以其反中民之利也。然则乐器反中民之利亦若此,即我弗敢非也,然则当用乐器。

当今的王公大人为国家制造乐器,并不是单像取一点水、弄点泥土那样简便,他们必定要向百姓增加赋税,聚起钱财来,然后去造大钟、鸣鼓、琴瑟、笙竽。譬如圣王之造舟车,我就不敢反对。古代的圣王也曾向百姓征收过钱财,去造舟车。既已造成,就要问:"我怎样去用它们呢?"道:"水路用船只,陆地用车子,上等的人家可以省却步行,得到休息,劳作的人可以免去荷负重东西,令他的肩背得到休息。"所以人民都情愿出货财以为造舟车之用,不曾因为花费了钱财,而心中怨恨,这是什么缘故呢?就是因为舟车的影响对于人民有利益啊。假使乐器的影响对于人民也有利益,也和舟车相似,那我就不敢再反对音乐了,那我就要主张用乐器了。

民有三患:饥者不得食,寒者不得衣,劳者不得息。三者,民之巨患也。然即当为之撞巨钟,击鸣鼓,弹琴瑟,吹竽笙而扬干戚,民衣食之财,将安可得乎?即我以为未必然也。

人民有三桩忧患:饥饿的没有饮食,寒冷的没有衣服,劳苦的没有休息。这三者,乃是人民最大的忧患。那么现在且替他们撞巨钟,敲鸣鼓,弹琴瑟,吹笙竽和舞干戚[1],人民的衣食财用就因此可以解决了吗?就是我也以为这是不可能的事情。

意舍此,今有大国即攻小国,有大家即伐小家,强劫弱,众暴寡,诈欺愚,贵傲贱,寇乱盗贼并兴,不可禁止也。然即当为之撞巨钟,击鸣鼓,弹琴瑟,吹竽笙而扬干戚,天下之乱也,将安可得而治与?即我未必然也。

现在先放下这个不谈,再论他事。当今凡是大国都要去攻打小国,凡是大家都要去攻打小家,强壮的迫胁微弱的,人多的侵凌人少的,机诈的欺负愚笨的,位分高的傲视卑贱的,强盗贼匪,一时并起,禁止不住。那么现在来撞巨钟,敲鸣鼓,弹琴瑟,吹笙竽和舞干戚,天下的乱事就可以因此消灭了吗?就是我也知道这是不可能的事呀。

是故子墨子曰:"姑尝厚措敛乎万民,以为大钟、鸣鼓、瑟琴、竽笙之声,以求兴天下之利,除天

---

[1] 原注:"干"属盾类,"戚"属斧类,都是舞者所持。

下之害而无补也。"是故子墨子曰:"为乐非也!"

墨子说:"若向百姓增加赋税,征收钱财,去造大钟、鸣鼓、琴瑟、笙竽等乐器,以期兴起有利于天下的事,除去天下的患害,结果是得不到好处的。"所以墨子说:"从事于音乐是不对的!"

今王公大人,惟毋处高台厚榭之上而视之,钟犹是延鼎也,弗撞击,将何乐得焉哉?其说将必撞击之。惟勿撞击,将必不使老与迟者。老与迟者,耳目不聪明,股肱不毕强,声不和调,明不转朴,将必使当年,因其耳目之聪明,股肱之毕强,声之和调,眉之转朴。使丈夫为之,废丈夫耕稼树艺之时;使妇人为之,废妇人纺绩织纴之事。今王公大人,惟毋为乐,亏夺民衣食之时,以拊乐如此多也。是故子墨子曰:"为乐非也!"

当今的王公大人,处于高耸的台榭上面下望,一只钟和一只倒扣的鼎看上去是一样的。如不去撞击它,有什么乐趣呢?这样讲来,是必定要去撞击的。既去撞击,必定不会令衰老迟笨的去撞。因为衰老迟笨的人耳目不聪明,四肢不强壮,声音不调和,眉目不灵活,所以必定要用年轻力壮的人,年轻的人耳目聪明,四肢有力,声音调和,眉目灵活。但是若令男子去做这事,就荒废了男子的耕种;若令妇人去做这事,就荒废了妇人的纺织。现在王公大人们从事于音乐,只就令人奏乐一端论,对于人民衣食财用上的损失已经如是之巨。所以墨子说:"从事于音乐是不对的!"

今大钟、鸣鼓、琴瑟、竽笙之声,既已具矣,大人锈然奏而独听之,将何乐得焉哉?其说将必与贱人,不与君子。与君子听之,废君子听治;与贱人听之,废贱人之从事。今王公大人惟毋为乐,亏夺民之衣食之财,以拊乐如此多也。是故子墨子曰:"为乐非也!"

现在大钟、鸣鼓、琴瑟、笙竽,既已齐备,大人们若独自很悠闲地坐着听乐,这有什么乐趣呢?他们必定要和几个人一起听,和什么人一起听呢?若不和平民一起听,就和君子一起听了。假使和君子一起去听,就荒废了君子的职务;若和平民一起去听,就荒废了平民的工作。现在王公大人们从事于音乐,对于听音乐一事,也要使人民的衣食财用受到这么大的损失。所以墨子说:"从事于音乐是不对的!"

昔者齐康公兴乐万，万人不可衣短褐，不可食糠糟。曰：食饮不美，面目颜色不足视也；衣服不美，身体从容丑羸不足观也。是以食必粱肉，衣必文绣。此掌不从事乎衣食之财，而掌食乎人者也。是故子墨子曰："今王公大人惟毋为乐，亏夺民衣食之财，以拊乐如此多也。"是故子墨子曰："为乐非也！"

从前齐康公作舞乐，于是舞蹈的人不可以穿粗布短衣，不可吃米糠酒滓。因为饮食若不精美，面目容貌就憔悴不好看了；衣服若不华美，身体的一举一动都不好看了。所以吃的必须是上等的细米好肉，穿的必须是文绣的衣服。这班人不从事于衣食财用的生产，而常寄食于旁人。所以墨子说："当今的王公大人们因奏音乐，遂使人民的衣食财用上受到这么大的损失。"所以墨子说："从事于音乐是不对的！"

今人固与禽兽麋鹿、蜚鸟贞虫异者也。今之禽兽麋鹿、蜚鸟贞虫，因其羽毛以为衣裘，因其蹄蚤以为绔屦，因其水草以为饮食。故唯使雄不耕稼树艺,雌亦不纺绩织纴,衣食之财固已具矣。今人与此异者也,赖其力者生,不赖其力者不生。君子不强听治,即刑政乱;贱人不强从事,即财用不足。

人类当然异于禽兽、麋鹿、飞鸟以及细腰的昆虫。现在禽兽、麋鹿、飞鸟和细腰的昆虫,都以它们自己的羽毛为衣服,以它们自己的蹄爪为鞋裤,以水草为饮食。所以虽令雄的不去耕种,雌的不去纺织,然而它们的衣服财用也足够了。现在人类与此不同,人类一定要出力做事,然后才可以生存,若不出力做事,就不能够生存。君子若不勉力地去办公,刑政就要错乱;平民若不勉力地去做事,财用就要缺乏。

今天下之士君子,以吾言不然,然即姑尝数天下分事,而观乐之害。王公大人蚤朝晏退,听狱治政,此其分事也;士君子竭股肱之力,亶其思虑之智,内治官府,外收敛关市、山林、泽梁之利,以实仓廪府库,此其分事也;农夫蚤出暮入,耕稼树艺,多聚升粟,此其分事也;妇人夙兴夜寐,纺绩织纴,多治麻丝葛绪捆布縿,此其分事也。

当今天下的士君子,若以为我这话不对,那么现在且试举天下人分内应做之事，再看音乐对于他们所生的害处。王公大人早晨上朝，下午退班，处理刑狱，办理政事，这是他们分内的事；士君子用尽他们的脑力和体力，内去治理官府，外去征收关税市捐、山林川泽之利以充实仓廪府库，这是他们分内之事；农人早晨出去，天晚回来，耕田种菜，多聚粟米豆子，这是他们分内的事；妇人早起迟睡，纺纱织布，多制麻丝葛布，捆束布匹，这是她们分内的事。

今惟毋在乎王公大人说乐而听之，即必不能蚤朝晏退，听狱治政，是故国家乱而社稷危矣；今惟毋在乎士君子说乐而听之，即必不能竭股肱之力，亶其思虑之智，内治官府，外收敛关市、山林、泽梁之利，以实仓廪府库，是故仓廪府库不实；今惟毋在乎农夫说乐而听之，即必不能蚤出暮入，耕稼树艺，多聚升粟不足；今惟毋在乎妇人说乐而听之，即必不能夙兴夜寐，纺绩织纴，多治麻丝葛绪捆布縿，是故布縿不兴。曰：孰为大人之听治，而废国家之从事？曰：乐也。是故子墨子曰："为乐非也！"

现在假使王公大人喜欢听音乐，他们就不能一早上朝，天黑退班，去判断刑狱，治理政事，所以国家就要混乱，社稷就危险了;士君子若喜欢听音乐,他们就不能再竭他们的脑力体力,内去治理官府,外去征收关税市捐、山林川泽之利以充实仓廪府库,所以仓廪府库就要空虚了;农人若喜欢听音乐,他们就不能再一早出去,天晚才回来,去耕田种菜,多多地收聚粟米和豆子,所以粟米豆子就要不够吃了;妇女若喜欢听音乐,她们就不能再早起迟睡,去从事纺纱织布,多多地制造麻丝葛布,捆束布匹,因此布帛的生产率也锐减了。那么使王公大人荒废了政事,令平民荒废了职务的,究竟是什么东西呢?是音乐。所以墨子说:"从事于音乐是不对的!"

何以知其然也?曰:先王之书,汤之官刑有之曰:"其恒舞于宫,是谓巫风。其刑,君子出丝二卫,小人否似二伯黄径。"乃言曰:"呜呼!舞佯佯,黄言孔章。上帝弗常,九有以亡。上帝不顺,降之百殃,其家必坏丧。"察九有之所以亡者,徒从饰乐也。

何以知道从事于音乐是不对的呢?试看先王的书,商汤所定的官刑上曾说:"常常舞蹈降神,行迹近于巫者。君子犯此,当罚丝二十斤,小人犯此,更加倍地罚。"《泰誓》上说:"哎!舞乐洋洋大观,声音响亮好听。然而上帝不保佑,九州之地遂丧失了。上帝因为他们违反了他的意思,所以降给他们祸殃,令他们的家都败坏丧亡了!"细察九州之地之所以会丧失,都是因为人君但知从事于音乐,不顾国家的大事。

于《武观》曰:"启乃淫溢康乐,野于饮食,将将铭苋磬以力,湛浊于酒,渝食于野,万舞翼翼,章闻于大,天用弗式。"故上者天鬼弗戒,下者万民弗利。是故子墨子曰:"今天下士君子,诚将欲求兴天下之利,除天下之害,当在乐之为物,将不可不禁而止也。"

《武观》上曾说:"启荒淫过度,只知寻乐,在郊外野餐奏乐,锵锵锽锽[1],一时管磬的声音齐作,又饮酒无度,在野外饮食奏乐时,万舞是那般闲逸有致,响亮的声音一直传到天上,天以为他不法。"结果上者天帝鬼神都以为他不法,下者万民都以为这事对于他们有害。所以墨子说:"当今天下的士君子,假使果真要求兴天下有利的事,除去天下的患害,对于音乐,是不可以不禁止的。"

---

[1] 原注:奏乐的声音。

非命 上

子墨子言曰:"古者王公大人,为政国家者,皆欲国家之富,人民之众,刑政之治。然而不得富而得贫,不得众而得寡,不得治而得乱,则是本失其所欲,得其所恶,是故何也?"子墨子言曰:"执有命者以杂于民间者众。"执有命者之言曰:"命富则富,命贫则贫;命众则众,命寡则寡;命治则治,命乱则乱;命寿则寿,命夭则夭。命虽强劲,何益哉?"上以说王公大人,下以驵百姓之从事。故执有命者不仁,故当执有命者之言,不可不明辨。

墨子说:"当今王公大人,治理国家的,都希望国家富足,人民增多,刑政治理。但是结果国家不富足,反而穷困,人民不增多,反而减少,刑政不治理,反而混乱,所希望的不曾得到,而所得到的乃是平常嫌恶不要的,这是什么缘故呢?"墨子说:"就是因为民间一班执命运论的人多了。"执命运论的说:"命应该富足就富足,命应该贫穷就贫穷;命应该人多就人多,命应该人少就人少;命应该治理就治理,命应该混乱就混乱;

命应该长寿就长寿,命应该早死就早死。命运既定,你虽奋斗,又有什么用处呢?"拿这话上去对王公大人们说,下去对百姓们讲,使他们的事业受到阻碍。所以凡是执命运论的都违背了仁义,而对于执命运论的,都不可以不加以明确的分析。

然则明辨此之说,将奈何哉?子墨子言曰:"必立仪。言而毋仪,譬犹运钧之上,而立朝夕者也,是非利害之辨,不可得而明知也。故言必有三表。"何谓三表?子墨子言曰:"有本之者,有原之者,有用之者。"于何本之?上本之于古者圣王之事。于何原之?下原察百姓耳目之实。于何用之?废以为刑政,观其中国家百姓人民之利,此所谓言有三表也。

怎样加以明确的分析呢?墨子说:"必须立一标准。言论若没有一个标准,譬如将测景器安在陶人的转轮上面去度量东西、测定早晚的时刻一样,是非利害的分别是无从得知的。所以言论必须有三个标准。"是哪三个标准呢?墨子说:"第一是考察本原,第二是审察其事故,第三是应用于实际。"从何处去考察其本原呢?向上去推求古代圣王的陈事。从何处去审察其事故呢?向下去审查百姓耳目见闻的情实。怎样去加以应用呢？将其应用于刑政的设施，看其是否有利于国家人民。这就是审定言论的三个标准。

然而今天下之士君子，或以命为有，益盖尝尚观于圣王之事？古者桀之所乱，汤受而治之；纣之所乱，武王受而治之。此世未易，民未渝，在于桀纣，则天下乱，在于汤武，则天下治。岂可谓有命哉？

当今天下的士君子，有的相信命运论，他们何不试着看看圣王的事哩？古时桀所扰乱的，汤接受过来就治理；纣所扰乱的，武王接受过来就治理。时代并不曾更易，人民也未曾改变，然而在桀、纣的统治下，天下就混乱，在汤、武的统治下，天下就治理。这怎么可以说是有命呢？

然而今天下之士君子，或以命为有，盖尝尚观于先王之书？先王之书，所以出国家布施百姓者，宪也。先王之宪，亦尝有曰福不可请，而祸不可讳，敬无益，暴无伤者乎？所以听狱制罪者，刑也。先王之刑，亦尝有曰福不可请，祸不可讳，敬无益,暴无伤者乎? 所以整设师旅,进退师徒者,誓也。先王之誓,亦尝有曰福不可请,祸不可讳,敬无益,暴无伤者乎? 是故子墨子言曰:"吾当未盐数,天下之良书,不可尽计数,大方论数而五[1]者是也。今虽毋求执有命者之言不必得,不亦可错乎?"

当今天下的士君子,有人以为命运是有的,他们何不也试着看看先王的书呢?先王的书中,用以宣告国家、颁布给人民的,乃是宪法。先王的宪法上曾说过"福禄是不可以求到的,灾祸是不可以避免的,恭敬没有益处,横暴也没有害处"吗?用来审判定罪的,是刑法。先王的刑法上也曾说过"福禄不可以请求,灾祸不可以避免,恭敬没有益处,横暴没有害处"吗?用来整治军队、指挥兵士的,是誓词。先王的誓词上也曾说过"福禄不可以请求,灾祸不可以避免,恭敬没有益处,横暴没有害处"的话吗?所以墨子说:"我尚不曾尽举例子,因为天下的书不可胜数,但是大略是这三类。现在执命运论的既然在所有的先王的书内都寻不出一个佐证来,还不将它放弃吗?"

---

[1] 原注:"五"当为"三",即上先王之宪、之刑、之誓是。

今用执有命者之言，是覆天下之义。覆天下之义者，是立命者也，百姓之谇也。说百姓之谇者，是灭天下之人也。然则所为欲义在上者，何也？曰：义人在上，天下必治，上帝山川鬼神，必有干主，万民被其大利。何以知之？子墨子曰："古者汤封于亳，绝长继短，方地百里，与其百姓兼相爱，交相利，移则分，率其百姓，以上尊天事鬼。是以天鬼富之，诸侯与之，百姓亲之，贤士归之，未殁其世而王天下，政诸侯。昔者文王封于岐周，绝长继短，地方百里，与其百姓兼相爱，交相利，则是以近者安其政，远者归其德。闻文王者，皆起而趋之，罢不肖、股肱不利者，处而愿之，曰：'奈何乎使文王之地及我，吾则吾利，岂不亦犹文王之民也哉？'是以天鬼富之，诸侯与之，百姓亲之，贤士归之，未殁其世而王天下，政诸侯。乡者言曰：'义人在上，天下必治，上帝、山川、鬼神，必有干主，万民被其大利。'吾用此知之。"

现在凡是执命运论的，就是覆灭天下的义理。使天下的义理覆灭的，乃是创立命运论的人，命运论乃是百姓的忧患。

发展百姓的忧患,就是毁灭天下的人。那么要有道义的人在上位,是为什么呢?因为有道义的人若在上位,天下必定治理,上帝、山川和鬼神就有宗主,万民都受到大利惠了。何以见得如此呢?墨子说:"古时汤受封于亳地,绝长补短,地方不过只有一百里,但是他和他的百姓一律互相爱护,互施利益,自己的财用若有余就分给别人,率领着他的百姓去尊敬上天,敬事鬼神。所以天帝鬼神使其富足,诸侯都与之协睦,百姓都与之亲近,贤人都归附他,一代尚未告终,已经将天下统一,为诸侯之长。从前文王受封于岐周,绝长补短,地方不过只有一百里,但是他对于他的百姓一律爱护,互施利益,自己的财用若有多余的就分给别人,所以附近的人都因为他的政治优良而安居乐业,远方的人因为怀慕他的仁德而归附他。听得文王的名声,都来归向他,一班薄弱无能、手足不灵的人都祷告道:'何不使文王的土地扩展,将我们所住的地方也包括在内,我们不也就成了文王的人民了吗?'所以天帝和鬼神使之富足,诸侯都与之协睦,百姓都与之亲近,贤人都来归附他,一代尚未告终,已经将天下统一,为诸侯之长。适才我说:'有道义之人若在上位,天下必定治理,上帝、山川和鬼神都有宗主,万民都受到极大的利益。'就是因为这个道理。"

是故古之圣王,发宪出令,设以为赏罚以劝贤。是以入则孝慈于亲戚,出则弟长于乡里,坐处有度,出入有节,男女有辨。是故使治官府,则不盗窃;守城,则不崩叛;君有难,则死;出亡,则送。此上之所赏,而百姓之所誉也。

古代的圣王颁布宪法,申发号令,设下赏赐与罚戮,以勉励贤人,禁止贪暴。所以人民在家内都孝顺父母,出外都善待乡里中的人,居处都守常度,出进都有节制,男女有别,不相混乱。所以令这班人民去治理官府,就没有盗窃发生;使他们去守城,就不会有背叛的事情;国君若遭患难,他们就效死尽忠;国君若出亡在外,他们就出力奔送。这类的行事都是在上位的所奖赏的,都是人民所称赞的。

执有命者之言曰:"上之所赏,命固且赏,非贤故赏也;上之所罚,命固且罚,不暴故罚也。"是故入则不慈孝于亲戚,出则不弟长于乡里,坐处不度,出入无节,男女无辨。是故治官府,则盗窃;守城,则崩叛;君有难,则不死;出亡,则不送。此上之所罚,百姓之所非毁也。

但是执命运论的人说:"主上若行赏,这乃是命里本来注定应该受赏,并不是因为贤良然后才得赏赐;主上若施罚,这乃是命中本来注定应当受罚,并不是因为贪暴然后才受惩罚的。"既然相信这话,那么在家内就不孝顺父母,出外也不善待乡里内的人,居处没有常度,出进不守节制,以致男女混乱无别。使这班人去治理官府,就有盗窃的事发生;使这班人去守卫城郭,就有叛变的事出现;国君若有患难,他们不会去效死尽忠;国君若由国内出亡,他们不会去合力奔送。这类的行事乃是平时在上位的所禁止的,也是百姓们所攻击的。

执有命者言曰:"上之所罚,命固且罚,不暴故罚也;上之所赏,命固且赏,非贤故赏也。"以此为君则不义,为臣则不忠,为父则不慈,为子则不孝,为兄则不良,为弟则不弟,而强执此者,此特凶言之所自生,而暴人之道也!

执命运论的人说:"主上所诛罚的,乃是命中本来注定该受罚,你即使不贪暴,也是要受罚的;主上所赏赐的,乃是命中本来注定该受赏,你即使不贤良,也是要受赏的。"若相信这话,照着这话去做,为人君的就不会讲仁义,为人臣的就不会尽忠节,做父亲的就不会慈爱,做儿子的就不会孝顺,兄长就不曾教导弟弟,弟弟就不会敬事兄长,而一班强执命运论的人,简直是用邪说来害人,使人自暴自弃!

然则何以知命之为暴人之道？昔上世之穷民，贪于饮食，惰于从事，是以衣食之财不足，而饥寒冻馁之忧至。不知曰："我罢不肖，从事不疾。"必曰："我命固且贫。"若上世暴王，不忍其耳目之淫，心涂之辟，不顺其亲戚，遂以亡失国家，倾覆社稷。不知曰："我罢不肖，为政不善。"必曰："吾命固失之。"

何以见得命运论是令人自暴自弃之道呢？从前古代有一班坏百姓，贪于饮食，懒得做事，于是衣食的财用不足、饥寒冻馁的忧患相继并至，他们不知道说："我们薄弱无能，做事不勤勉。"必定说："我们命里本来注定该穷困的。"从前古代的暴戾的君王不能克制他们的耳目所喜的声色之乐，不能除去他们心中所蓄的偏僻邪念，不听从他们的亲戚的忠告，以致国家丧失，社稷覆灭。然而他们不知道说："我柔弱无能，为政不善。"必定要说："我命中注定该失去天下。"

于《仲虺之告》曰："我闻于夏人矫天命，布命于下，帝伐之恶，龚丧厥师。"此言汤之所以非桀之执有命也。于《太誓》曰："纣夷处不肯事上帝鬼神，祸厥先神禔不祀，乃曰：'吾民有命。'无廖排漏，天亦纵之弃，而弗葆。"此言武王所以非纣执有命也。

《仲虺之诰》上曾说："我听说夏王矫传天命，布施于天下，上帝对他恼怒，使他失去了他的民众。"这是说汤以为桀相信命运论是不对的。《泰誓》上说："纣平时傲慢无礼，不肯去奉事上帝鬼神，践弃他的祖先神灵，不去祭祀，反说：'我有天命相助。'群臣都不敢谏争，无人能止其傲慢之心，而上天也将纣放弃了，不再去保佑他。"这是说武王反对纣的命运论。

今用执有命者之言，则上不听治，下不从事。上不听治，则刑政乱；下不从事，则财用不足。上无以供粢盛酒醴，祭祀上帝鬼神，下无以降绥天下贤可之士，外无以应待诸侯之宾客，内无以食饥衣寒，将养老弱。故命上不利于天，中不利于鬼，下不利于人。而强执此者，此特凶言之所自生，而暴人之道也。

当今若相信执命运论的人的话，在上位的人就不认真去办事，下面的民众就不认真地去工作。在上位的若不肯认真去办事,刑政就错乱了;下面的民众若不肯认真去工作,财用就缺乏了。于是上无以供奉酒饭,去祭祀上帝鬼神,下无以安定怀柔天下的贤能之士,外无以款待诸侯差来的客人,内无以供给人民衣食,使其免于忍饥受冻,更不能收养老弱无依的人民了。所以命运论上不利于天,中不利于鬼神,下不利于人民。然而一班人偏要强执命运论,这简直是用邪说来害人,使人自暴自弃。

是故子墨子言曰:"今天下之士君子,忠实欲天下之富而恶其贫,欲天下之治而恶其乱,执有命者之言,不可不非,此天下之大害也。"

所以墨子说:"当今天下的士君子心中果真想求天下富庶,深恨天下穷困,想求天下治理,深恨天下混乱,那么对于执命运论的人说的话,是不可以不加以反对的,因为这实在是天下的大患害。"

非命 中

子墨子言曰:"凡出言谈,由文学之为道也,则不可而不先立义法。若言而无义,譬犹立朝夕于员钧之上也,则虽有巧工,必不能得正焉。然今天下之情伪,未可得而识也,故使言有三法。"三法者何也?有本之者,有原之者,有用之者。于其本之也,考之天鬼之志,圣王之事。于其原之也,征以先王之书。用之奈何?发而为刑。此言之三法也。

墨子说:"凡是发一言论,写一篇文章,都不可以不先立下一个标准来。言论若没有一个标准来判定,譬如将测景器安在制陶器的转轮上面去定东西的方向、测早晚的时刻一样,如此虽有巧妙的工人,也不能将时刻量准。当今天下人的情实,不容易晓得,所以对于言论要设三个标准。"哪三个标准呢?第一是考求本原,第二是审察事故,第三是施用于实际。考求本原,是推求天帝鬼神的意思和圣王的事迹。审察事故,是用先王的书来证实。怎样施用于实际呢?就是施用于刑政之设施,观其效果如何。这乃是言论的三个标准。

今天下之士君子，或以命为亡。我所以知命之有与亡者，以众人耳目之情，知有与亡。有闻之，有见之，谓之有；莫之闻，莫之见，谓之亡。然胡不尝考之百姓之情？自古以及今，生民以来者，亦尝见命之物，闻命之声者乎？则未尝有也。若以百姓为愚不肖，耳目之情不足因而为法。然则胡不尝考之诸侯之传言流语乎？自古以及今，生民以来者，亦尝有闻命之声，见命之体者乎？则未尝有也。

当今天下的士君子有的以为命运是有的，有的以为命运是没有的。我之所以知道命运是否存在，乃是由众人耳闻目见的情实得知的。若有人听得到命运，有人看见过命运，那么命运就是有的；若没有人听得到命运，没有人看见过命运，那么命运是没有的了。既然如此，何不试着考察百姓的情实哩？从古至今，自有生民以来，有人曾看见过命运是什么形状，听见过命运是什么声音的吗？这是从来没有过的事呀。若以为百姓愚笨无用，他们耳目所闻所见的情实不配做标准，那么何不试考察诸侯间流传的话哩？从古至今，自有生民以来，有人曾看见过命运是什么形状，听见过命运是什么声音的吗？这也是从来没有过的事呀。

　　然胡不尝考之圣王之事？古之圣王,举孝子而劝之事亲,尊贤良而劝之为善,发宪布令以教诲,赏罚以劝沮。若此,则乱者可使治,而危者可使安矣。若以为不然,昔者桀之所乱,汤治之；纣之所乱,武王治之。此世不渝而民不改,上变政而民易教,其在汤武则治,其在桀纣则乱,安危治乱,在上之发政也,则岂可谓有命哉？夫曰有命云者,亦不然矣。

　　并且何不更考察古代圣王之事呢？古代的圣王推崇孝子,劝人事亲,尊重贤良,劝人为善,申发宪法,布施号令,以教诲人民,使赏罚严明,以劝善禁恶。如此,则混乱的可使之治理,危险的可使之安定了。若以为这话不对,试看当初桀之所乱的,汤使之治理；纣之所乱的,武王使之治理。时代都不曾迁移,人民都不曾改变,然而在上位的一旦将政治改变,人民的教化也立刻为之改变,其在汤、武则治理,其在桀、纣则危乱,可见得安危治乱的关键,实在在于在上位的政治的设施,怎么可以说是有命呢？说有命运的,是不对的。

今夫有命者言曰："我非作之后世也，自昔三代有若言以传流矣。今故先生对之？"曰："夫有命者，不志昔也三代之圣善人与？意亡昔三代之暴不肖人也？"何以知之？初之列士桀大夫，慎言知行，此上有以规谏其君长，下有以教顺其百姓。故上得其君长之赏，下得其百姓之誉。列士桀大夫，声闻不废，流传至今，而天下皆曰其力也，必不能曰我见命焉。

现在主张命运论的说："命运论并不是由我后来创造的，从古时三代以来就有这话了，这话才流传至今。现在先生为何要反对我呢？"墨子说："这命运论，不知道是否出于从前三代的圣王和贤人？恐怕还是出于从前三代的暴王和坏人吧？这本来是无知的妄言啊！"如何知道呢？从前列士和杰出的大夫，对于自己的言语行事都极其谨慎守法，上则劝谏他们的君长，下则教训他们的人民。所以上得到君主的赏赐，下得到人民的称赞。他们的名声不衰落，一直流传到如今。而天下的人都说是由于他们自己的力量，必定不能说这是他们的命该如此。

是故昔者三代之暴王，不缪其耳目之淫，不

慎其心志之辟，外之驱骋田猎毕弋，内沉于酒乐，而不顾其国家百姓之政，繁为无用，暴逆百姓，使下不亲其上。是故国为虚厉，身在刑僇之中。必不能曰："我罢不肖，我为刑政不善。"必曰："我命故且亡。"

所以从前三代的暴戾的君王，不能纠正他们的耳目，恣情于声色之乐，不能镇定他们的心思，妄生邪僻的念头，外则走马田猎，弋射飞鸟，内则沉醉于饮酒作乐，不顾百姓的痛苦，多为无用之事，暴虐百姓，违逆他们的意思，使下面的人民不亲近上面的君长，以致国家荒废灭亡，自己也遭受诛戮之祸。然而他不肯说："我薄弱无能，我为刑政不善。"必定要说："我命里本来注定要灭亡的。"

虽昔也三代之穷民，亦由此也。内之不能善事其亲戚，外不能善事其君长，恶恭俭而好简易，贪饮食而惰从事，衣食之财不足，使身至有饥寒冻馁之忧。必不能曰："我罢不肖，我从事不疾。"必曰："我命固且穷。"虽昔也三代之伪民，亦犹此也，繁饰有命，以教众愚朴人。

虽是从前三代的坏百姓,也是如此,他们在家内不能善事父母,在外面不能善事君长,憎恶恭敬节俭,喜欢傲慢疏忽,贪于饮食,懒怠做事,以致衣食的财用缺乏,身受饥寒冻饿之患。他们必定不说:"我薄弱无能,我做事不勤勉。"必定要说:"我的命里注定要穷困的。"虽是从前三代的狡诈的百姓,也是如此,他们多造些命由前定的话,去讲给一班忠厚老实的人听。

久矣,圣王之患此也,故书之竹帛,琢之金石。于先王之书《仲虺之告》曰:"我闻有夏人矫天命,布命于下,帝式是恶用阙师。"此语夏王桀之执有命也,汤与仲虺共非之。先王之书《太誓》之言然曰:"纣夷之居,而不肯事上帝,弃阙其先神而不祀也,曰:'我民有命。'毋戮其务。天亦不弃,纵而不葆。"此言纣之执有命也,武王以《太誓》非之。

圣王也长久以此为患,所以写在竹简和素帛上,刻在金器和石头上。在先王的书《仲虺之诰》上曾说:"我听闻夏王矫称天命,布告天下,上帝因此对他恼怒,使他丧失了他的民众。"这是说夏王桀执有命之说,而汤和仲虺都一起反对他。先王的书《泰誓》上也这样说:"纣平时傲慢无礼,不肯奉事上帝,丢开他的祖先神灵,不去祭祀,反说:'我有天命相助。'因此只顾凌辱百姓。而上天也将他放弃,不再保佑他了。"这是说纣执有命之说,而武王以《泰誓》反对他。

有于三代不国有之曰:"女毋崇天之有命也。"命三不国亦言命之无也。于召公之执令于然且敬哉:"无天命,惟予二人而无造言,不自降天之哉得之。"在于商夏之诗书曰:"命者,暴王作之。"且今天下之士君子,将欲辩是非利害之故,当天有命者,不可不疾非也。执有命者,此天下之厚害也,是故子墨子非也。

并且三代百国[1]上面也曾说过:"你们休得要说有天命。"现在三代百国上也说命是没有的。召公也反对命运论,他说:"天命是没有的,唯仗我们二人,不得妄言有命惑乱众人,福祸之来不从天降,是由我们自取的。"商夏的诗书上也说:"命运之说,乃是暴戾的君王所作。"所以当今天下的士君子若要辨析事物的是非利害,那么对于命运论是不可以不极力地加以反对的。主张事由命定的,乃是天下的深患,所以墨子要加以反对。

---

[1] 原注:"三代百国"疑皆古代史书之名。

非命 下

子墨子言曰:"凡出言谈,则必可而不先立仪而言。若不先立仪而言,譬之犹运钧之上而立朝夕焉也。我以为虽有朝夕之辩,必将终未可得而从定也。是故言有三法。"

墨子说:"凡是要发表一篇言论,就不可以不先立下一个标准来,然后再讲。言论若没有一个标准来判定,这譬如将测景器安在陶人的转轮上面去看东西的方向、定早晚的时刻一样。这样我以为虽将早晚分清楚,对不对到底尚不可知哩。所以判定言论的是否合理,也得要有三个标准。"

何谓三法?曰:有考之者,有原之者,有用之者。恶乎考之?考先圣大王之事。恶乎原之?察众之耳目之请。恶乎用之?发而为政乎国,察万民而观之。此谓三法也。

是哪三个标准呢?第一是考求本原,第二是审察事故,第三是施用于实际。怎样去考求本原呢?去考求古代圣王的行事。从何处去审察事故呢？去审察众人耳闻目见的情实。怎样去施用于实际呢？就是施用国家刑政上的设施，看它对于人民所发生的效果如何。这就是判定言论是否合理用的三个标准。

故昔者三代圣王禹汤文武，方为政乎天下之时，曰："必务举孝子而劝之事亲，尊贤良之人而教之为善。"是故出政施教，赏善罚暴。且以为若此，则天下之乱也，将属可得而治也；社稷之危也，将属可得而定也。若以为不然，昔桀之所乱，汤治之；纣之所乱，武王治之。当此之时，世不渝而民不易，上变政而民改俗。存乎桀纣而天下乱，存乎汤武而天下治。天下之治也，汤武之力也；天下之乱也，桀纣之罪也。若以此观之，夫安危治乱，存乎上之为政也，则夫岂可谓有命哉？

所以从前三代的圣王，如禹、汤、文、武等，当他们治理天下时，都说："务必要推崇孝子，劝人事亲，尊重贤良，教人为善。"因此对于政治的设施、教化的施行，不外乎奖赏贤良，诛罚横暴。以为这样做去，天下混乱的局势才可以因之治理，社稷危殆的情形才可以因之安定。若以为这话不对，试看当初桀之所乱的,汤使之治理;纣之所乱的,武王使之治理。这时候时代并不曾改变,人民也不曾改变,然而在上位的一经将政治改革,人民的风俗也立刻为之改变。其在汤、武则治理,其在桀、纣则危乱。可见得天下的治理,是汤、武的力量;天下的危乱,是桀、纣的罪过。这样看来,安危治乱的关键在于在上位的施政,怎样可以说是有命呢?

故昔者禹汤文武,方为政乎天下之时,曰:"必使饥者得食,寒者得衣,劳者得息,乱者得治。"遂得光誉令问于天下,夫岂可以为命哉?故以为其力也。今贤良之人,尊贤而好功道术,故上得其王公大人之赏,下得其万民之誉,遂得光誉令问于天下,亦岂以为其命哉?又以为力也。然今夫有命者,不识昔也三代之圣善人与?意亡昔三代之暴不肖人与?若以说观之,则必非昔三代圣善人也,必暴不肖人也。

从前禹、汤、文、武治理天下之时,都说:"必须使饥饿的吃上饭,寒冷的穿上衣服,劳苦的可以休息,危乱的局势趋于治理。"他们因此扬名于天下,这怎么可以说是有命呢?这实在由于他们的力量呀。当今的贤人君子,尊重贤人,又研究道术,因此上得到王公大人的奖赏,下得到人民的赞美,扬名于天下,这怎么可以说是有命呢？这也是由于他们自己的力量呀。现在执命运论的人,不知道他们是根据从前三代的圣王贤士哩,还是根据从前三代的暴王和坏人哩？若照以上的事看来,他们必定不是出于从前三代的圣王贤士,必定是出自暴王恶人。

然今以命为有者[1],昔三代暴王桀纣幽厉,贵为天子,富有天下,于此乎不而矫其耳目之欲,而从其心意之辟,外之驱骋田猎毕弋,内湛于酒乐,而不顾其国家百姓之政,繁为无用,暴逆百姓,遂失其宗庙。其言不曰:"我罢不肖,吾听治不强。"必曰:"吾命固将失之。"

从前三代的暴戾的君王,譬如桀、纣、幽、厉等辈,贵为天子,富有天下,不能矫正他们耳目的私欲,随着心里所起的邪念,任意妄为,外则跑马打猎,弋射飞鸟,内则沉迷于饮酒作乐,不顾国家百姓的事情,多做些无用之事,暴虐百姓,违逆他们的意思,因此将国家丧失掉。然而他们不肯说:"我薄弱无

---

[1] 编者按:此句缺译解,联系上下文,似可补"然而今天以为有命的人"。

能,办事不努力。"必定要说:"我命里本来注定要将国家失去的。"

虽昔也三代罢不肖之民,亦犹此也。不能善事亲戚君长,甚恶恭俭而好简易,贪饮食而惰从事,衣食之财不足,是以身有陷乎饥寒冻馁之忧。其言不曰:"吾罢不肖,吾从事不强。"又曰:"吾命固将穷。"昔三代伪民,亦犹此也。

虽然是从前三代的坏百姓,也是如此。他们不能好好地侍奉他的父母和君长,他们憎恶恭敬节俭,喜欢傲慢无礼,贪于饮食,懒怠做事,以致衣食的财用缺乏,身受饥寒冻饿之患。然而他们必定不肯说:"我薄弱无能,做事不勤勉。"必定要说:"我命里本来注定了要穷的。"虽是从前三代的矫诈的百姓,也是这样归罪于命运。

昔者暴王作之,穷人术之,此皆疑众迟朴。先圣王之患也,固在前矣。是以书之竹帛,镂之金石,琢之盘盂,传遗后世子孙。曰:何书焉存?禹之《总德》有之曰:"允不著惟天民不而葆,既防凶心,天加之咎。不慎厥德,天命焉葆?"《仲虺之告》曰:"我闻有夏人矫天命于下,帝式是增,用爽厥师。"彼用无为有,故谓矫;若有而谓有,夫岂为矫哉?

从前一班暴戾的君王创造命运前定之说,一班坏人又替他们叙述,去惑乱忠厚老实的人。圣王早已以此为忧患了,所以写在竹简和素帛上,刻在金石上面,琢在盘盂等器皿上面,传给后世的子孙,叫他们不要为命运论所迷惑。这些话存于何书呢?禹的《总德》上面曾说:"果真对于天不恭顺,天命也不能保护你,你既不防止你的凶心,天就要降你灾祸。若对于你的行事不慎重,天命焉能保护你呢?"《仲虺之诰》上说:"我听说夏王矫称天命,布告天下,上帝因此对他恼怒,使他丧失了他的民众。"本来没有命运之说,而夏王桀强以为有,所以称他矫称天命;倘若命运果真是有的话,他说有时,怎么可以称他为矫传天命呢?

昔者桀执有命而行,汤为《仲虺之告》以非之。《太誓》之言也,于去发曰:"恶乎君子!天有显德,其行甚章,为鉴不远,在彼殷王。谓人有命,谓敬不可行,谓祭无益,谓暴无伤。上帝不常,九有以亡,上帝不顺,祝降其丧,惟我有周,受之大帝。"昔纣执有命而行,武王为《太誓》去发以非之。曰:子胡不尚考之乎商周虞夏之记? 从十简之篇以尚,皆无之,将何若者也?

从前桀执有命之说而行,汤遂作《仲虺之诰》去反对他。《泰誓》上的"太子发"篇里曾说:"呜呼!君子!上天保佑有明德之人,其事甚为明显,借鉴并不远,就在殷王纣的时代。纣说人的命运前定,不必恭敬天帝,他说祭祀没有益处,贪暴也没有害处。上帝因此不保佑他,使他将九州之地都失去,上帝恨他违逆正道,所以断绝他的命运,降下丧亡的诛戮,而我周朝受殷商的大命于天帝。"从前纣执有命之说而行,而武王作《泰誓》的"太子发"篇去反对他。你何不上考之于商、周、虞、夏的事迹?从十简之篇以上,都以为命运之说是没有的,这是什么缘故呢?

是故子墨子曰:"今天下之君子之为文学出言谈也,非将勤劳其惟舌,而利其唇呡也,中实将欲其国家邑里,万民刑政者也。"今也王公大人之所以蚤朝晏退,听狱治政,终朝均分而不敢息惓倦者,何也? 曰:彼以为强必治,不强必乱,强必宁,不强必危,故不敢怠倦。

所以墨子说："当今天下的君子，书写文章，发表言论，并非是要使他们的喉咙舌头劳苦，使他们的口吻快利，实在心中想对于他们的国家、乡里、人民和政治有所贡献。"现在王公大人们之所以要一早就上朝，天晚才退班，处理刑狱，治理政事，每天都这样做，不敢怠惰厌倦，这是为什么呢？他们以为用力勤勉去做事，国家必定可以治理，若不勉力勤勉地去做事，国家必定要混乱，勉力地去做事，国家必定可以安宁，若不勉力地去做事，国家必定要危险的，所以他们不敢怠惰，不敢厌倦。

今也卿大夫之所以竭股肱之力，殚其思虑之知，内治官府，外敛关市山林泽梁之利，以实官府，而不敢怠倦者，何也？曰：彼以为强必贵，不强必贱，强必荣，不强必辱，故不敢怠倦。

现在卿大夫之所以要用尽他们四肢的力量、思虑的机智，内去治理官府，外去征收关税市捐、山林川泽出产的进贡，以充实仓廪府库，而不敢感觉厌倦，这是为什么呢？因为他们觉得勉力地做事，他们的地位就可以提高，若不勉力地去做事，他们的地位就会降低，若勉力地去做事，他们的声名就可以荣显，若不勉力地去做事，他们的声名就会堕落，所以他们不敢怠惰，不敢厌倦。

今也农夫之所以蚤出暮入，强乎耕稼树艺，多聚升粟，而不敢怠倦者，何也？曰：彼以为强必富，不强必贫，强必饱，不强必饥，故不敢怠倦。

现在农夫之所以要早晨出去，天黑才回来，耕田种菜，多聚豆粟，而不敢感觉厌倦，这是为什么呢？因为他们知道勉力地耕种就可以富足，若不努力地耕种就要穷困，若努力地耕种就可以吃得饱，若不努力地去耕种就得挨饿，所以他们不敢荒废事情，不敢感觉厌倦。

今也妇人之所以夙兴夜寐，强乎纺绩织纴，多治麻丝葛绪捆布縿，而不敢怠倦者，何也？曰：彼以为强必富，不强必贫，强必暖，不强必寒，故不敢怠倦。

现在妇人之所以要早起迟睡，极力地去纺纱织布，多治麻丝葛纻，捆束布匹，而不敢荒怠厌倦，这是为什么呢？因为她们知道努力地做事就可以富足，若不努力地去做事就要穷困，努力地去做事就可以穿得暖和，若不努力地去做事就得受冻，所以她们不敢懒怠做事,不敢感觉厌倦。

今虽毋在乎王公大人,蒉若信有命而致行之,则必怠乎听狱治政矣,卿大夫必怠乎治官府矣,农夫必怠乎耕稼树艺矣,妇人必怠乎纺绩织纴矣。王公大人怠乎听狱治政,卿大夫怠乎治官府,则我以为天下必乱矣;农夫怠乎耕稼树艺,妇人怠乎纺绩织纴,则我以为天下衣食之财,将必不足矣。若以为政乎天下,上以事天鬼,天鬼不使;下以持养百姓,百姓不利,必离散不可得用也。是以入守则不固,出诛则不胜。故虽昔者三代暴王,桀纣幽厉之所以共抎其国家,倾覆其社稷者,此也。

现在假如众人都相信有命,那么王公大人就懈怠于处理刑狱、治理政事了,卿大夫必定懒怠于治理官府了,农夫必定懒怠于耕田种菜了,妇人必定懒怠于纺纱织布了。王公大人若懒于处理刑狱、治理政事,卿大夫若懒于治理官府,我以为这样天下必定就要乱了;农夫若懒于耕田种菜,妇人若懒于纺纱织布,我以为这样天下衣食的财用就要缺乏了。照这样子去治理天下，上去奉事天帝鬼神，就不利于天帝鬼神；下去保养百姓，也不利于百姓，百姓必定背叛分离，不能为主上所用。所以结果在国内防守就不能坚固，出外去攻讨敌人也不能胜利。从前三代的暴戾的君王，如桀、纣、幽、厉等，其所以将国家失去，令社稷灭亡，都是因为这个缘故。

是故子墨子言曰："今天下之士君子，中实将欲求兴天下之利，除天下之害，当若有命者言也。曰：命者暴王所作，穷人所术，非人者之言也。今之为仁义者，将不可不察，而强非者，此也。"

所以墨子说："当今天下的士君子，心中果真想兴起天下的利益，除去天下的患害，那么对于主张有命之说，是不可以不极力地加以反对的。因为命运之说乃是一班暴戾的君王所创造，是一班坏人所传说的，并不是仁义之人应说的话。现在要行仁义的人，其所要细察的和力加反对的，就是这个命运论。"

非儒 下

儒者曰："亲亲有术,尊贤有等。"言亲疏尊卑之异也。其礼曰:丧父母三年,其妻后子三年,伯父叔父弟兄庶子其,戚族人五月。若以亲疏为岁月之数,则亲者多而疏者少矣,是妻后子与父同也;若以尊卑为岁月数,则是尊其妻子与父母同,而亲伯父宗兄而卑子也。逆孰大焉?其亲死,列尸弗,登屋窥井,挑鼠穴,探涤器,而求其人焉。以为实在,则戆愚甚矣;如其亡也,必求焉,伪亦大矣。

儒者说:"亲近所亲的人时,须有分寸,尊重贤人,须守等级。"是说亲疏尊卑的不同。照儒家的礼节,父母的丧是三年,妻和长子之丧是三年,伯父、叔父、弟兄和庶子之丧是一年,亲戚族人之丧是五个月。若以亲疏远近的关系来定年月的数目,越亲近的时候越多,越疏远的时候越少了,那么妻与长子不是和父母一样了吗?若以尊卑高下的关系来定年月的数目,越尊贵的时候越多,越卑贱的时候越少,这不是将妻子看得和父母相同,而反将伯父、叔父、弟兄降低得和庶子相似吗?

这是多么不合道理呢？父母死后，将尸体陈列着不收敛，登到屋顶上面，去窥探井，或者挑掘老鼠洞，去探涤洗的器具，去求死了的人。若以为死人真的在这里面，这实在太愚蠢了；假如已知道他死亡了，还要这样去求他，这也太虚伪造作了。

取妻身迎，祗裋为仆，秉辔授绥，如仰严亲。昏礼威仪，如承祭祀。颠覆上下，悖逆父母，下则妻子，妻子上侵，事亲若此，可谓孝乎？儒者："迎妻，妻之奉祭祀，子将守宗庙，故重之。"应之曰："此诬言也。其宗兄守其先宗庙数十年，死丧之其，兄弟之妻奉其先之祭祀，弗散。则丧妻子三年，必非以守奉祭祀也。"夫忧妻子以大负累，有曰："所以重亲也。"为欲厚所至私，轻所至重，岂非大奸也哉？

儒者娶妻时，亲自去迎亲，穿着整齐的衣服，做仆人做的事，拉着马缰，将绥[1]递给新妇，像对待父母一般恭敬。结婚的礼仪隆重，好似在祭祀祖先一样。颠覆上下的次序，违逆父母，莫此为甚了，将父母降低得和妻子一样，把妻子抬高得和

---

[1] 原注：上车时拉着的带子。

父母一样,这样可以算得孝顺吗？儒者说:"迎娶妻子,是要和她共奉祭祀,有了孩子,才有人承守宗庙,因此要敬重她。"回答他道:"这是胡说。他的宗兄守他的祖先的宗庙,为时数十年,死后他只为他守一年的丧;他的嫂嫂和弟妇也奉承祖先的祭祀,死后他竟不为他们戴孝。可见得妻子死后,守三年的丧,这必定不是因为她守宗庙、奉祭祀的缘故了。"偏爱妻子,对妻子特别优厚,这罪过已经很大了,还要假意说:"这是尊重父母。"优爱他所偏私的人,轻视他所应当尊重的人,岂不是大奸恶吗？

有强执有命者说议曰:"寿夭贫富,安危治乱,固有天命,不可损益。穷达赏罚幸否有极,人之知力不能为焉。"群吏信之,则怠于分职;庶人信之,则怠于从事。不治则乱,农事缓则贫。贫且乱政之本,而儒者以为道教,是贼天下之人者也。

儒者又强执有命之说,道:"长寿与短命、贫穷与富贵以及安危与治乱,都有天命,人是不能加以更动的。穷困与得意以及受赏遭罚、吉凶祸福,都是一定的,人的智力是不能出力的。"一班官吏相信了这话,就懒于去尽忠职守;平民相信了这话，就懒于去做自己愿做的事。官吏不认真办事，政治就要错乱，农人不加紧耕种，国家就要贫穷。贫穷与祸乱与为政之本相反，而儒者却以为这是教化之道，可见得儒者实在是贼害天下的人。

且夫繁饰礼以淫人；久丧伪哀以谩亲；立命缓贫，而高浩居；倍本弃事，而安怠傲[1]，贪于饮食，惰于作务，陷于饥寒，危于冻馁，无以违之。是若人气，鼸鼠藏，而羝羊视，贲彘起。君子笑之，怒曰："散人！焉知良儒？"

儒者多制礼乐的制度，使其繁缛非常，令人淫乱；设久丧之礼，假作悲哀，以欺诈父母；创有命之说，令穷人不肯尽力地做事，而反尊重骄矜自大的人；违背为政之本，令人民荒废了自己的事业，反而甘心偷懒傲慢；贪于饮食，懒于做事，至于为饥寒所窘、冻饿所迫时，也无法避免。这班儒者有如乞丐，得到点食物就收藏起来，像田鼠一样；对别人若不满意，就朝人家瞪着眼睛，像一只公羊；发起怒来，咆哮而起，又像一只大猪。君子若笑他，他还要发气，说："这班无用的人！他们哪里

---

[1] 原注：旧作"彻"，以意改。

知道贤良的儒者哩!"

夫夏乞麦禾,五谷既收,大丧是随,子姓皆从,得厌饮食。毕治数丧,足以至矣。因人之家以为翠,恃人之野以为尊。富人有丧,乃大说,喜曰:"此衣食之端也。"

儒者夏天向人家乞讨麦子,及至五谷既收,无可乞讨,乃去替人家治理丧事,借此糊口,而他的一班子孙也都跟随着他,在人家享受饮食。只要替人家办理几个丧事,生活就可以解决了。分他人的家财以自肥,靠他人的田中的收获过日子。富人一有丧事,他们便大高兴,说:"衣食的机会又来了。"

儒者曰:"君子必服古言然后仁。"应之曰:"所谓古之者,皆尝新矣。而古人服之,则君子也。然则必法非君子之服,言非君子之言,而后仁乎?"

儒者说:"君子的言语与服饰都必定要依照古人,然后才合乎仁义。"回他道:"所谓古代的言语与服饰,在当时初制之时,也都是新的呀。然而古人用这言语服饰的就不是君子了吗?那么必定要穿不是君子所穿的衣服,说不是君子所说的话,才算得合乎仁义吗?"

又曰:"君子循而不作。"应之曰:"古者羿作弓,伃作甲,奚仲作车,巧垂作舟。然则今之鲍函车匠,皆君子也;而羿、伃、奚仲、巧垂皆小人邪?且其所循人必或作之,然则其所循皆小人道也。"

儒者又说:"君子但遵循陈规,不加创作。"回答他道:"古时羿制弓,伃制铠甲,奚仲造车子,巧垂造船。若照儒者的话讲,现在的一班制皮与造车的工匠都是君子,而古代的羿、伃、奚仲和巧垂都是小人了?并且凡是所遵循的事,起先必定有创作之人,创作的既然是小人,那么所遵循的也都是小人之道了。"

又曰:"君子胜不逐奔,掩函弗射,施则助之胥车。"应之曰:"若皆仁人也,则无说而相与。仁人以其取舍是非之理相告,无故从有故也,弗知从有知也。无辞必服,见善必迁,何故相?若两暴交争,其胜者欲不逐奔,掩函弗射,施则助之胥车,虽尽能,犹且不得为君子也。意暴残之国也,圣将为世除害,兴师诛罚,胜将因用传术令士卒曰:'毋逐奔,掩函勿射,施则助之胥车。'暴乱之人也得活,天下害不除,是为群残父母,而深贱世焉,不义莫大焉!"

儒者又说:"君子打仗,战胜后不追逐奔逃的人,不瞄射被困住的人,敌军若败走,则帮助他们拖拉重车。"回答他道:"倘若两方面都是仁义之人,就无由对敌。因为仁义之人若将是非曲直之理加以申明后,自己假使没有理由,必定就去听从有理由的一方面了,自己若知道自己的行事不对,必定就去听从对方行事对的了。自己无辞解说,必定折服,看见一件好事,必定要效法,改去已往的过失,这样怎么会互相对敌呢?倘若双方都是残暴之人,互相争斗,其中战胜了的虽不追逐奔逃的败兵,不瞄射被困住的士卒,敌军败走后,也帮助他们拖拉重车,这些事虽然都能够做到,也不能算得是君子呀。圣人要替世人除去患害,所以要起兵诛罚有罪之国,若也用儒家的方法,号令士卒道:'不许追逐奔逃的败兵,不得射击被困的敌人,敌人败走,就帮助他们拖拉重车。'暴乱之人就可以不死,而天下的祸患终不能除去,这乃是残害众人的父母,深深地贼害世人,是最不义的行为了!"

又曰:"君子若钟,击之则鸣,弗击不鸣。"应之曰:"夫仁人事上竭忠,事亲得孝,务善则美,有过则谏,此为人臣之道也。今击之则鸣,弗击不鸣,隐知豫力,恬漠待问而后对。虽有君亲之大利,弗问不言。若将有大寇乱,盗贼将作,若机辟将发也,他人不知,己独知之,虽其君亲皆在,不问不言,是夫大乱之贼也。以是为人臣不忠,为子不孝,事兄不弟,交遇人不贞良。夫执后不言之朝物,见利使己,虽恐后言。君若言而未有利焉,则高拱下视,会噎为深,曰:'惟其未之学也。'用谁急,遗行远矣。"

儒者又说:"君子有如钟一样,敲他他就发出声音来,若不去敲他,他是不响的。"驳他道:"大凡仁义之人,侍奉主上必定尽忠,侍奉父母必定尽孝,人君若有善行就加以表扬,人君若有过恶就极力谏诤,这方是为人臣之道。现在若敲他他才发声音,不敲他他便没有声音,隐藏自己的机智,储蓄自己的力量,清静闲淡,必定要等问到时才对答。虽是对于国君与父母有极大利益的事,若不问他,他终不讲出来。倘若有大乱将要发作,有盗贼将要起事,事情紧急,好像机关之将发动一样,此时他人都不知道,独有我一人知道,虽国与父母俱在此地,若不问我,我终不说出来,这岂不是大乱之贼吗?这样去处世,为人臣就是不忠,为人子时就不孝,这样去侍奉兄长就是不恭顺,这样交朋友待人就是不诚实、不贤良。拘执居后,不肯先发言,是不对的,应当看见利之所在,唯恐后说出来。人君若谈到一桩没有利益的事,就拱着双手,朝下望着,噎着不回答,说:'对于这事,我不曾学过。'国君若定要问这事,就辞退远去了。"

夫一道术学业仁义也,昔大以治人,小以任官,远施用遍,近以修身。不义不处,非理不行,务兴天下之利,曲直周旋,利则止,此君子之道也。以所闻孔某之行,则本与此相反谬也。

大凡治道术学业、行仁义的,大则以之治理人民,小则以之担任官职,远则所施者周遍,近则以之修身。凡是不合于义者则不处,不合于理者则不行,务必要兴起天下有利之事,所以进退周旋,一举一动,无非在替天下求福利,遇着不利于天下的事,就停止不去做它,这方才是君子所行之道。以所听得的孔某的行事与此相较,就大谬不然了。

齐景公问晏子曰:"孔子为人何如?"晏子不对。公又复问,不对。景公曰:"以孔某语寡人者众矣,俱以贤人也。今寡人问之,而子不对,何也?"晏子对曰:"婴不肖,不足以知贤人。虽然,婴闻所谓贤人者,入人之国,必务合其君臣之亲,而弭其上下之怨。孔某之荆,知白公之谋,而奉之以石乞,君身几灭,而白公僇。婴闻贤人得上不虚,得下不危,言听于君必利人,教行下必于上。是以言明而易知也,行易而从也,行义可明乎民,谋虑可通乎君臣。今孔某深虑同谋以奉贼,劳思尽知以行邪,劝下乱上,教臣杀君,非贤人之行也;入人之国,而与人之贼,非义之类也;知人不忠,趣之为乱,非仁义之也。逃人而后谋,避人而后言,行义不可明于民,谋虑不可通于君臣,婴不知孔某之有异于白公也,是以不对。"景公曰:"呜呼!贶寡人者众矣,非夫子则吾终身不知孔某之与白公同也。"

齐景公问晏子道:"孔子为人怎样?"晏子不回答。景公又问,晏子还是不回答。景公说:"对我讲孔某的人很多了,他们都以为他是贤人,现在寡人问起他来,而你却不回答,这是什么缘故呢?"晏子对道:"婴无用得很,不配知道谁是贤人。但是,婴听说所谓贤人者,若入于人家的国中,必定要促进该国君臣的亲密,消除上下的仇怨。孔某到楚国去时,知道白公作乱的阴谋,而他更以石乞去助他,以致楚君险遭害,白公被诛戮。婴听说贤人若得用于上,国君的左右就不患无人;若得用于下,国内就不会危险;言语若为国君所信用,必有利于人民;教化若得施行于民间,必有利于主上。所以他的言语明白容易知道,行事明了,容易遵循,行义可以为人民所明了,计谋可以为君臣所共知。现在孔某周密地计划,去帮贼作乱,竭尽自己的机智和力量来行这邪恶的事情,鼓动人民去背叛主上,指导人臣去杀害国君,这不是贤人的行为;到人家的国内,而结交该国的叛贼,一同作乱,这也不合乎义;知道其人不忠,更促进他谋反作乱,这与仁义都不合。逃离人后才敢设计谋,避开人后才肯说话,行义不可以公开于人民,计谋不可以为君臣所共知,婴不知道孔某与白公有什么分别,所以不敢回答。"景公听了说:"唉!向我进言的人也很多了,但是若没有夫子来说,我还一辈子不知道孔某与白公相同哩。"

孔某之齐见景公,景公说,欲封之以尼谿,以告晏子。晏子曰:"不可!夫儒浩居而自顺者也,不可以教下；好乐而淫人，不可使亲治；立命而怠事，不可使守职；宗丧循哀，不可使慈民；机服勉容，不可使导众。孔某盛容修饰以蛊世，弦歌鼓舞以聚徒，繁登降之礼以示仪，务趋翔之节以观众。儒学不可使议世，劳思不可以补民，累寿不能尽其学，当年不能行其礼，积财不能赡其乐。繁饰邪术以营世君，盛为声乐以淫遇民。其道不可以期世，其学不可以导众。今君封之，以利齐俗，非所以导国先众。"

孔某到齐国去见景公，景公很欢喜，想将尼谿之地封给他，将这意思告诉晏子。晏子说："不可以！儒者傲慢不恭，任意妄为，不可以令他们去教化人民；喜欢音乐，令百姓荒淫，不可以使他们去治理百姓；创立命运之说，怠弃一切的事业，不可以使他们去奉守职务，主张哀痛守丧，历时久远，不可以使他们去照护人民；冠服高耸，而形容卑俯，不可以使他们去领导众人。孔某盛饰仪容，惑乱世人，弹琴唱歌，鸣鼓舞蹈，招聚党徒，多制登降的礼节，以表示礼仪的隆重，致力于进退周旋的礼节，以铺张给众人看。学问虽然渊博，不可以使他为世人作法则；思想虽然精深，对于百姓却无补；他的学问，虽累世都学不尽；他的礼节，虽当年轻时都行不通；他的音乐，虽积有财货都供给不起。他多创些邪僻的学术去惑乱人君,从事音乐,使愚笨的人民为之荒淫无度。他的道术不可以救济当世,他的学问不可以领导众人。现在君将封他,使他用教化来改移齐国的风俗,这不是治国理民之道哩。"

公曰:"善!"于是厚其礼,留其封,敬见而不问其道。孔乃恚[1]怒于景公与晏子,乃树鸱夷子皮于田常之门,告南郭惠子以所欲为,归于鲁。有顷间,齐将伐鲁,告子贡曰:"赐乎!举大事于今之时矣。"乃遣子贡之齐,因南郭惠子以见田常,劝之伐吴,以教高国鲍晏,使毋得害田常之乱,劝越伐吴。三年之内,齐吴破国之难,伏尸以言术数,孔某之诛也!

景公说:"这话对!"于是乃收回成命,不再封他,见他时也不询问他的道术。孔某因此心中恼怒,怨恨景公与晏子,乃将鸱夷子皮[2]介绍给田常用,将他要报复齐国的计划告诉南郭惠子,回到鲁国去。不久闻知齐国将要出兵攻打鲁国,乃对子

---

[1] 原注:旧作"志",以意改。
[2] 原注:范蠡的别名。

贡说道:"赐!举大事就在此时了!"于是派子贡往齐国去,因南郭惠子以进见田常,劝田常起兵攻打吴国,以教高、国、鲍、晏不得妨碍田常作乱的计划,又去劝吴国出兵救鲁国,反攻齐国,劝越王出兵袭取吴国。三年之内,齐、吴二国俱破,死的人有上十万,这都是孔某的阴谋!

孔某为鲁司寇,舍公家而奉[1]季孙,季孙相鲁君而走,季孙与邑人争门关,决植。

孔某做鲁国的司寇时,不顾公家,反去卫护季孙氏。季孙为鲁国的相国,后来因为获罪而出走,逃到城门口时,鲁人将悬门放下,季孙不得出去,孔某劲大,将悬门托起,把季孙放走。

孔某穷于陈蔡之间,藜羹不糁。十日,子路为享豚,孔某不问肉之所由来而食;号[2]人衣以酤酒,孔某不问酒之所从来而饮。哀公迎孔某,席不端弗坐,割不正弗食。子路进请曰:"何其与陈蔡反也?"孔某曰:"来!吾与女。[3]曩与女为苟

---

[1] 原注:旧作"于",据孔丛改。
[2] 原注:"褫"字之误。
[3] 编者按:此句缺译解,联系上下文似可补:"来!我告诉你。"

生,今与女为苟义。"夫饥约则不辞,忘[1]妄取以活身;赢饱伪行以自饰。污邪诈伪,孰大于此?

孔某被围困于陈、蔡之间时,连着十天,都没有肉羹和米饭吃,但吃点藜草充饥。十天后,子路弄到一只小猪,烧给孔某吃,孔某不问肉从何处来的,赶忙吃了;子路剥下别人的衣服,去换些酒来,孔某不问这酒从何处来的,赶忙喝了。及至哀公将孔某迎接回去,设宴款待他时,孔某见座席不曾铺正,就不肯坐下,见肉不曾切得方,就不肯吃。子路乃问他道:"怎么这样和在陈、蔡时相反呢?"孔某道:"当时我们要急于求生,现在我们以行义为急了。"饥饿困穷时,就不惜妄取酒食以求生;一到饱足有余时,就矫揉作假,为自己文饰。卑污邪恶,矫诈虚伪,孰甚于此呢?

孔某与其门弟子闲坐,曰:"夫舜见瞽叟就然,此时天下圾乎!周公旦非其人也邪?何为亦舍家室而托寓也?"孔某所行,心术所至也。其徒属弟子皆效孔某:子贡、季路辅孔悝乱乎卫,阳虎乱乎齐,佛肸以中牟叛,漆雕刑残,莫大焉!夫为

---

[1] 原注:此字衍。

弟子后生，其师必修其言，法其行，力不足、知弗及而后已。今孔某之行如此，儒士则可以疑矣。

　　孔某和弟子们闲坐时，谈道："舜看见瞽叟时蹙踖不安，这个时候天下真危险呀！周公旦称不上是仁义之人吧？为何要舍弃他的家室，寄寓在外面呢？"孔某的心术，与其行事，于此可见一斑。他的弟子和党徒也都仿效他：如子贡、季路辅佐孔悝，遂使卫国发生内乱；阳货在鲁国用事，在齐园作乱；佛肸做中牟宰，遂以中牟之地背叛；漆雕氏使自己的形体残废，这罪过多大！凡是做学生弟子的，必定以他的先生做榜样，必定要模仿他的言语，效法他的行事，一直到自己的力量不够、智力不及时方才罢休。现在孔某的行事如此，那么一班儒士就可以怀疑了。

耕柱

子墨子怒耕柱子。耕柱子曰:"我毋俞于人乎?"子墨子曰:"我将上大行,驾骥与羊,子将谁驱?"耕柱子曰:"将驱骥也。"子墨子曰:"何故驱骥也?"耕柱子曰:"骥足以责。"子墨子曰:"我亦以子为足以责。"

墨子向耕柱子发脾气。耕柱子说:"我就没有一点胜过旁人的地方吗?"墨子说:"假使我要上太行山去,用一匹千里马和一头羊来驾车子,你预备用鞭子赶哪个呢?"耕柱子说:"我要去赶千里马。"墨子说:"为什么要去赶千里马呢?"耕柱子说:"因为千里马是值得责备[1]的。"墨子说:"我也以为你是值得责备[2]的呀。"

巫马子谓子墨子曰:"鬼神孰与圣人明智?"子墨子曰:"鬼神之明智于圣人,犹聪明耳目之与

---

[1] 原注:意思是用鞭子去赶它。
[2] 原注:意思是教训他。

聋瞽也。昔者夏后开使蜚廉采金于山川，而陶铸之于昆吾。是使翁难乙卜于目若之龟[1]。龟曰：'鼎成三足而方，不炊而自烹，不举而自臧，不迁而自行，以祭于昆吾之墟，上乡。'乙又言兆之由曰：'飨矣！逢逢白云，一南一北，一西一东，九鼎既成，迁于三国。'夏后氏失之，殷人受之；殷人失之，周人受之。夏后殷周之相受也，数百岁矣。使圣人聚其良臣与其桀相而谋，岂能智数百岁之后哉？而鬼神智之。是故曰：鬼神之明智于圣人也，犹聪耳明目之与聋瞽也。"

巫马子问墨子道："鬼神和圣人相比，聪明圣智，谁胜过谁呢？"墨子说："鬼神的聪明圣智，以之和圣人相比，就和以耳朵灵敏、目光锐利的，去和聋子、瞎子相比一样。从前夏王的太子启命蜚廉到山上去开发金矿，开出金子后，在昆吾造九只鼎。更命益用火灼龟，卜一个卦，问这些鼎的遭遇如何，占出来的卦辞上说：'鼎造成后，三脚方方，不用生火，自会烹调食物，不用移动，自己会将自己收藏，不用迁徙，自己会行走，用去祭祀上帝，在昆吾的野地方。尚飨。'既卜过卦后，又念卦兆

---

[1] 原注：旧脱"乙"字，又作"白若之龟"，误。

的占辞,说:'进食了! 白云蓬蓬地上升,一片往南,一片往北,一片往西,一片往东,九只鼎造成后,将来要传于三国。'后来这九只鼎,夏后氏失去后,殷人接受了去;等殷人失去后,周人又接受了去。夏后、殷、周三代互相接受这鼎,远在卜这卦数百年之后。假使圣人聚集他的贤臣和精干的相国一起谋划,他们岂能够预知数百年以后的事呢? 然而鬼神却能够知道。我所以说:鬼神的聪明圣智若和圣人相比,就好像以耳朵灵敏、目光锐利的,去和聋子、瞎子比一样。"

治徒娱、县子硕问于子墨子曰:"为义孰为大务?"子墨子曰:"譬若筑墙,然能筑者筑,能实壤者实壤,能欣者欣,然后墙成也。为义犹是也,能谈辩者谈辩,能说书者说书,能从事者从事,然后义事成也。"

治徒娱和县子硕[1]问墨子道:"欲行正义,做哪一桩事是顶要紧的呢?"墨子说:"譬如筑墙一样,能够筑墙的筑墙,能够运土的运土,能测量的测量,这样墙才可以筑成功。至于行正义也是如此,能谈论辩说的就谈论辩说,能解说经书的就解说

---

[1] 原注:二人都是墨子的弟子。

经书,能做一桩事的就去做那桩事,这样合乎义的事方才可以做得成功。"

巫马子谓子墨子曰:"子兼爱天下,未云利也;我不爱天下,未云贼也。功皆未至,子何独自是而非我哉?"子墨子曰:"今有燎者于此,一人奉水将灌之,一人掺火将益之,功皆未至,子何贵于二人?"巫马子曰:"我是彼奉水者之意,而非夫掺火者之意。"子墨子曰:"吾亦是吾意,而非子之意也。"

巫马子向墨子说:"你虽兼爱天下,天下也不曾得到你的好处;我虽不爱天下,天下也并不曾蒙受我的害处。都没有功效,你何必要以为你自己是对的,说我是不对的呢?"墨子道:"现在假使有一人在此地放火,有一个人捧着水预备去浇熄它,还有一个人拿着燃烧的火预备加旺它。这二人都不曾影响到这火势,对于这火都不曾发生任何功效,你觉得这两个人当中谁好些呢?"巫马子道:"我觉得那个捧水的用意是对的,那个执火的用意是不对的。"墨子说:"我因此也觉得我的用意是对的,而以为你的用意是不对的。"

子墨子游荆,耕柱子于楚。二三子过之,食之三升,客之不厚。二三子复于子墨子曰:"耕柱子处楚无益矣!二三子过之,食之三升,客之不厚。"子墨子曰:"未可智也。"毋几何而遗十金于子墨子,曰:"后生不敢死,有十金于此,愿夫子之用也。"子墨子曰:"果未可智也。"

墨子到楚国去,那时耕柱子适巧在楚国。墨子有几个弟子乃去访他,耕柱子只给每个客人三升米吃,招待极其菲薄简陋。学生回来对墨子说道:"耕柱子在楚国也没有用处,弟子们去看他,他替每人只预备下三升米,招待得也极其简薄。"墨子说:"不可以预知哩。"过了不久,耕柱子赠十金给墨子,说:"弟子死罪。[1]这里有十金,请夫子用。"墨子后来对弟子们说:"果真不能够预先知道吧。"

巫马子谓子墨子曰:"子之为义也,人不见而耶,鬼不见而富,而子为之,有狂疾!"子墨子曰:"今使子有二臣于此:其一人者见子从事,不见子则不从事;其一人者见子亦从事,不见子亦从事。

---

[1] 原注:是客气的套话。

子谁贵于此二人?"巫马子曰:"我贵其见我亦从事,不见我亦从事者。"子墨子曰:"然则是子亦贵有狂疾也。"

巫马子对墨子说:"你行正义,人不见得就因此佩服你,也未见鬼神就因此使你富足,你还要这样去做,你真有些疯病!"墨子说:"现在假使你有两个用人:一个看见你时就做事,不看见你时就不做事;另一个看见你时也做事,不看见你时也做事。这两个人中,你喜欢哪一个呢?"巫马子说:"我喜欢那个看见我时也做事,不看见我时也做事的。"墨子说:"那么你也是喜欢有疯病的了。"

子夏之徒问于子墨子曰:"君子有斗乎?"子墨子曰:"君子无斗。"子夏之徒曰:"狗豨犹有斗,恶有士而无斗矣?"子墨子曰:"伤矣哉!言则称于汤文,行则譬于狗豨,伤矣哉!"

子夏的徒弟问墨子道:"君子有争斗吗?"墨子说:"君子没有争斗。"子夏的徒弟说:"猪狗尚有争斗,哪有士人反无争斗之理!"墨子说:"伤心啊!言语则称述汤、武和文王,行事则取譬于猪狗,伤心啊!"

巫马子谓子墨子曰:"舍今之人而誉先王,是誉槁骨也!譬若匠人然,智槁木也,而不智生木。"子墨子曰:"天下之所以生者,以先王之道教也。今誉先王,是誉天下之所以生也。可誉而不誉,非仁也。"

巫马子对墨子说:"舍去当今的人而去赞美古代的君王,这和赞美枯骨头一样!好像木匠一样,只知道枯木头是好的,而不知道宝贵活的树木。"墨子说:"天下之所以能够生存,就是因为古代君王的教化的力量。现在赞美古代的君王,就是赞美天下生存的人。可以赞美而不去赞美,这是合乎仁义的吗?"

子墨子曰:"和氏之璧、隋侯之珠、三棘六异,此诸侯之所谓良宝也。可以富国家,众人民,治刑政,安社稷乎?曰:不可。所谓贵良宝者,为其可以利也,而和氏之璧、隋侯之珠、三棘六异,不可以利人,是非天下之良宝也。今用义为政于国家,人民必众,刑政必治,社稷必安。所为贵良宝者,可以利民也,而义可以利人,故曰:义天下之良宝也。"

墨子说:"和氏的玉璧、隋侯的宝珠以及有三只空心脚和六只耳环的鼎,这都是诸侯所谓之好宝贝。它们可以使国家富足吗?可以令人民增多,刑政治理,社稷安定吗?不可以的。好宝贝之所以可贵者,是因为它有利于人。然而和氏的玉璧、隋侯的珍珠以及有三只空心脚和六只耳环的宝鼎,对于人并没有用处,所以它们不是天下的好宝贝。现在若用正义去治国,国家必定可以富足,人民必定可以增多,刑政必定可以治理,社稷必定可以安定。既然好宝贝之可贵,是因为它们有利于人民,而正义能够有利于人,所以说:正义是天下的好宝贝。"

叶公子高问政于仲尼,曰:"善为政者,若之何?"仲尼对曰:"善为政者,远者近之,而旧者新之。"子墨子闻之曰:"叶公子高未得其问也,仲尼亦未得其所以对也。叶公子高岂不知善为政者之远者近也,而旧者新是哉?问所以为之若之何也?不以人之所不智告人,以所智告之,故叶公子高未得其问也,仲尼亦未得其所以对也。"

叶公子高问仲尼为政之道，说："善于为政的，是怎样的呢？"仲尼答道："善于为政的，能使远者亲附，使旧者革新。"墨子听见这话后，说："叶公子高问得不得当，仲尼回答得也不对。叶公子高怎么会不知道善于为政的要使远者亲附，旧者革新呢？何必更要去问仲尼为政之道哩？而仲尼不将人家所不知道的去告诉人，而告诉人家已经知道的事，所以说叶公子高问得不得当，而仲尼的回答也是不对的。"

子墨子谓鲁阳文君曰："大国之攻小国，譬犹童子之为马。童子之为马，足用而劳。今大国之攻小国也，攻者农夫不得耕，妇人不得织，以守为事；攻人者亦农夫不得耕，妇人不得织，以攻为事。故大国之攻小国也，譬犹童子之为马也。"

墨子对鲁阳文君说："大国之攻打小国，譬如儿童玩竹马一样。儿童骑竹马，不过使自己的脚跑累罢了。现在大国之攻打小国，被攻打的小国，农夫不能从事耕种，妇人不能从事纺织，大家都要从事于守卫的工作；攻打他国的国家，国中农夫也不能从事耕种，妇人也不能够从事纺织，大家都要从事于攻战的工作。所以大国之攻打小国，譬如儿童玩竹马一样，不过自己劳累讨苦吃罢了。"

子墨子曰:"言足以复行者,常之;不足以举行者,勿常。不足以举行而常之,是荡口也。"

墨子说:"话要做得到的,就不妨常说;话若是做不到的,就不必再去多说。若是做不到的事,而要常常地去说,这乃是徒劳口舌,无益于实用。"

子墨子使管黔滶[1]游高石子于卫。卫君致禄甚厚,设之于卿。高石子三朝必尽言,而言无行者。去而之齐,见子墨子曰:"卫君以夫子之故,致禄甚厚,设我于卿。石三朝必尽言而言无行,是以去之也。卫君无乃以石为狂乎?"

墨子令管黔敖往卫国去替高石子揄扬,寻一职位。卫君果真重用高石子,给他极优的俸禄,位分也极高,和三卿齐等。高石子于是三朝必尽忠陈说,但是他说的话卫君都不采用。他乃离开卫国,往齐国去,见着墨子说道:"卫君因为夫子的缘

---

[1] 原注:疑为"敖"字。

故,给我极优厚的俸禄,将我的位置列于与三卿齐等。于是我三朝时必定将所知道的陈说,但是卫君一句话都不采用,所以我遂离开卫国。卫君不会以为我癫狂吧?"

子墨子曰:"去之苟道,受狂何伤?古者周公旦非关叔,辞三公,东处于商盖,人皆谓之狂。后世称其德,扬其名,至今不息。且翟闻之:为义非避毁就誉。去之苟道,受狂何伤?"

墨子说:"离去时,只要合乎道理,虽受癫狂之名,又有何害处呢?古时周公旦觉得管叔的行为不对,乃辞去三公,向东去往商奄之地,当时的人都说他癫狂。但是后世的人都称颂他的德行,赞扬他的美名,直到如今,仍旧如此。并且我听说过:行正义并不是为了要避免毁谤,欲求人家赞美。离去时若合乎道理,那虽受癫狂之名,又有何害处呢?"

高石子曰:"石去之,焉敢不道也?昔者夫子有言曰:'天下无道,仁士不处厚焉。'今卫君无道,而贪其禄爵,则是我为苟陷人长也。"子墨子说,而召子禽子曰:"姑听此乎!夫倍义而乡禄者,我常闻之矣;倍禄而乡义者,于高石子焉见之也。"

高石子说:"我之离开卫国,岂敢不依着道理行呢?从前夫子曾说过:'天下无道时,士人不肯做高官,享优厚的俸禄。'现在卫君既然无道,而我却去贪图他设的爵位俸禄,那我不是存心去吃他的粮食吗?"墨子听了这话后,甚为高兴,乃叫子禽子来,告诉他道:"你听着!背弃正义,趋向爵禄的,我是常常听见的;但是背弃爵禄,去趋向正义的,我还只看见过高石子哩。"

子墨子曰:"世俗之君子,贫而谓之富,则怒;无义而谓之有义,则喜。岂不悖哉!"

墨子说:"世俗的君子,他们若贫穷,而你说他们富有时,他们就要发怒;他们若无义,而你说他们有义时,他们就欢喜了。这是多么不合理的事呀!"

公孟子曰:"先人有则,三而已矣。"子墨子曰:"孰先人而曰有则三而已矣?子未智人之先有后生。"

公孟子说:"前人自有法则,我们只须加以参考效法就行了。"墨子说:"谁说前人自有法则,我们只须加以参考效法就行了?你还没有理解什么是先产生的,什么是后派生的。"

有反子墨子而反者:"我岂有罪哉?吾反后。"子墨子曰:"是犹三军北,失后之人求赏也。"

学生中有一人曾反背墨子的,后来他又回来跟墨子求学,说:"我岂有罪过呢?我不过比旁人回来得迟罢了。"墨子说:"这就像三军战败后,迷失了道路再回来的兵士还要求赏,自以为和殿军的功劳一样大。"

公孟子曰:"君子不作,术而已。"子墨子曰:"不然!人之其不君子者,古之善者不诛,今也善者不作;其次不君子者,古之善者不遂,已有善则作之,欲善之自己出也。今诛而不作,是无所异于不好遂而作者矣。吾以为古之善者则诛之,今之善者则作之,欲善之益多也。"

公孟子说:"君子不创作,但追述前人的事。"墨子说:"不对!凡是最不君子的人,他对于古时的事不追述,当今的善事也不创作;次一等不君子的人,对于古时的善事他不追述,但是他自己发现一件新的善事,他却要创作,因为他想善事都出自他的创作。现在若但追述善事,而不创作善事,这和不喜追述古时的善事但知创作新的善事,都是一般的偏见。我以为对于古代的善事则加以追述,对于现在的善事则加以创作,因为这样想使善事能够越发多起来。"

巫马子谓子墨子曰:"我与子异,我不能兼爱。我爱邹人于越人,爱鲁人于邹人,爱我乡人于鲁人,爱我家人于乡人,爱我亲于我家人,爱我身于吾亲,以为近我也。击我则疾,击彼则不疾于我。我何故疾者之不拂,而不疾者之拂?故有我有杀彼以我,无杀我以利。"

巫马子对墨子说道:"我和你两样,我不能够行兼爱。我爱邹人过于越人,我爱鲁人过于邹人,爱我同乡的人又过于鲁人,爱我家里的人又过于同乡的人,爱我的父母过于爱我家里的人,爱我自己的身体又过于爱我的父母,因为离我越近的我越关切。若击打我时,我便感觉到疼,击打他人时,我便不知道疼。我为什么疼的不去卫护,反去卫护不疼的呢?所以只有杀他人以利于我,绝不会杀我自己去利于他人。"

子墨子曰:"子之义将匿邪意,将以告人乎?"巫马子曰:"我何故匿我义?吾将以告人。"子墨子曰:"然则一人说子,一人欲杀子以利己;十人说子,十人欲杀子以利己;天下说子,天下欲杀子以利己。一人不说子,一人欲杀子,以子为施不祥言者也;十人不说子,十人欲杀子,以子为施不祥言者也;天下不说子,天下欲杀子,以子为施不祥言者也。说子亦欲杀子,不说子亦欲杀子,是所谓经者口也,杀常之身者也。"

墨子说:"你这意思,你预备藏着不给人知道吗?还是预备告诉人家呢?"巫马子说:"我为什么要掩藏我的意思?我要告诉人的。"墨子说:"那么若有一个人信奉你的理论,这一个人就要杀死你以利于他自己;若有十个人信奉你的理论,这十个人就要杀死你,使他们自己得到利益;倘若天下人都信奉你的理论,天下人都要为自己的利益将你杀死。若有一个人不信奉你的理论,这一个人就要杀你,因为他以为你用这种不祥之言迷惑众人;若有十个人不信奉你的理论,这十个人就要杀你,因为他们以为你在用这种不祥之言迷惑众人;倘若天下的人都不信奉你的理论,那么天下的人都以为你在用不祥之言惑乱众人，都想要杀死你了。信奉你的也要杀死你，不信奉你的也要杀死你，这就是所谓的言论一经你的口出，你立刻要招杀身之祸。"

子墨子曰："子之言恶利也？若无所利而不言，是荡口也。"

墨子说："你说的话有什么益处吗？假使没有益处，而你却一定要说，这不过是徒劳口舌，无补实用。"

子墨子谓鲁阳文君曰："今有一人于此，羊牛犓豢，维人但割而和之，食之不可胜食也。见人之作饼，则还然窃之，曰：'舍余食。'不知日月安不足乎，其有窃疾乎？"鲁阳文君曰："有窃疾也。"子墨子曰："楚四竟之田，旷芜而不可胜辟，評灵数千，不可胜。见宋郑之闲邑，则还然窃之，此与彼异乎？"鲁阳文君曰："是犹彼也，实有窃疾也。"

墨子对鲁阳文君说道："现在假使此地有一个人，他有许多牛羊肉，他的厨子脱去衣服替他宰割烹调，太多了，吃都吃不完。但是当他看见人家的生面饼时，他反而注意惊视，将饼子偷去吃了,说:'给我吃吧。'不知道是因为他的好吃的食物不够呢,还是因为他有偷东西的毛病呢?"鲁阳文君说:"他必定有偷东西的毛病了。"墨子道:"楚国国内四境的田,荒野的地方尚多,一时都开辟不尽,空虚的城邑有数千,一时也居住不尽。但是一看见宋国和郑国的空城,就注意惊视,设法去偷盗,这和上述的那人有分别吗?"鲁阳文君道:"这和上述的那人一样,实在都有偷东西的毛病。"

　　子墨子曰:"季孙绍与孟伯常治鲁国之政,不能相信,而祝于丛社,曰:'苟使我和。'是犹弇其目而祝于丛社曰:'苟使我皆视。'岂不缪哉!"

　　墨子说:"季孙绍和孟伯常一同治理鲁国的政事,二人互相疑忌,不能信任对方,于是乃往神祠里去祷告,说:'使我们和睦。'这无异于把眼睛遮住后,去神祠里祷告,说:'使我能够看见。'这是多么荒谬不合理的事呀!"

　　子墨子谓骆滑牦曰:"吾闻子好勇。"骆滑牦曰:"然。我闻其乡有勇士焉,吾必从而杀之。"子墨子曰:"天下莫不欲与其所好,度其所恶。今子闻其乡有勇士焉,必从而杀之,是非好勇也,是恶勇也。"

墨子对骆滑牦说道:"我听说你好勇。"骆滑牦说:"是的。我只要听说某处有勇士时,我必定要去把他杀了。"墨子说:"天下人莫不要辅助他所喜欢的,除去他所嫌恶的。现在你听见某处有勇士时,你就必定要去将他杀死,你这并不是喜好勇武,乃是憎恶勇武。"

贵 义

子墨子曰:"万事莫贵于义。今谓人曰:'予子冠履,而断子之手足,子为之乎?'必不为,何故?则冠履不若手足之贵也。又曰:'予子天下而杀子之身,子为之乎?'必不为,何故?则天下不若身之贵也。争一言以相杀,是贵义于其身也。故曰:万事莫贵于义也。"

墨子说:"万事没有比义更高贵的了。现在你若去对一个人说:'给你冠帽和鞋子,将你的手脚给割断,你肯这样做吗?'这人是一定不肯的,什么缘故呢?因为冠帽和鞋子不及手和脚贵重。你若再去对一个人说:'将天下送给你,然后将你杀死,你肯这样去做吗?'此人一定不会肯的,什么缘故呢?因为天下不及自己的身体贵重。至于为争一句话,遂至互相残杀,可见得把义看作较自己的身体还要贵重了。所以说:万事没有比义更贵重的。"

子墨子自鲁即齐,过故人,谓子墨子曰:"今天下莫为义,子独自苦而为义,子不若已。"子墨子曰："今有人于此，有子十人，一人耕而九人处，则耕者不可以不益急矣。何故？则食者众而耕者寡也。今天下莫为义，则子如劝我者也，何故止我？"

墨子从鲁国到齐国去，遇见一个老友，老友对墨子说道："当今天下人都不肯行义，而你却要自讨苦吃，去勉力行义，你不如算了吧。"墨子道："现在假使此地有一个人，他有十个儿子，只有一个儿子肯耕田，其余的九个都坐吃现成，不肯做事，那么这个耕田的就不能不愈发出力地去从事于耕种了。这是什么缘故呢？因为吃的人多，耕田的人少，不得不如此呀。现在天下既然无人肯为义，你就应当劝勉我更加努力才是，怎么你反而劝我不要再去这样做呢？"

子墨子南游于楚，见楚献惠王。献惠王以老辞，使穆贺见子墨子。子墨子说穆贺，穆贺大说，谓子墨子曰："子之言则诚善矣，而君王，天下之大王也，毋乃曰'贱人之所为'而不用乎？"

墨子往南游至楚国，去求见楚献惠王。献惠王不肯接见，推辞自己衰老了，令他的臣子穆贺去接见墨子。墨子和穆贺交谈之下,穆贺大为高兴,对墨子说道:"你的话实在是好,但是君王乃是天下的大王,他只怕要说'这是卑贱人所为的事'而不肯采用你的话吧?"

子墨子曰:"唯其可行。譬若药然,草之本,天子食之,以顺其疾,岂曰'一草之本'而不食哉?今农夫入其税于大人,大人为酒醴粢盛,以祭上帝鬼神,岂曰'贱人之所为'而不享哉?故虽贱人也,上比之农,下比之药,曾不若一草之本乎?且主君亦尝闻汤之说乎?昔者汤将往见伊尹,令彭氏之子御。彭氏之子半道而问曰:'君将何之?'汤曰:'将往见伊尹。'彭氏之子曰:'伊尹,天下之贱人也。若君欲见之,亦令召问焉,彼受赐矣。'汤曰:'非女所知也。今有药于此,食之则耳加聪,目加明,则吾必说而强食之。今夫伊尹之于我国也,譬之良医善药也。而子不欲我见伊尹,是子不欲吾善也。'因下彭氏之子,不使御。[1]"

---

[1] 原注:此下疑有脱文。

墨子说:"我的话是可以用的。就譬如药一样,虽是一茎草根,然而天子还要吃它,以调理他的疾病,怎么可以说'这是一茎草根'就不吃它呢?现在农夫将收成进献给王公大人们,王公大人们乃制酒饭等祭品,去祭祀上帝鬼神,他们怎么可以说'这是卑贱人之所为'就不去祭祀呢?所以虽然是卑贱之人所做的事,上譬如农人,下譬如药,尚不及一茎草根吗?并且主君曾听说过汤说的话吗?当初汤要去见伊尹,命彭氏之子驾车子。走到半路上,彭氏之子问汤道:'君将往何处去?'汤说:'要去见伊尹。'彭氏之子道:'伊尹,乃是天下的卑贱之人。君若要见他时,令人去召他来问话好了,这样子他已经就受你的恩惠不浅了。'汤说:'你不懂得。现在假使此地有一样药,吃了耳朵就可以更加灵敏,目光就可以更加锐利,那我必定要勉力把这药吃下去。现在伊尹对于我国,好像是一位好医生,是一样好药。你反而不要我去见他,你乃是不要我好了。'乃命彭氏之子下车去,不要他驾车子。"

子墨子曰:"凡言凡动,利于天鬼百姓者为之;凡言凡动,害于天鬼百姓者舍之。凡言凡动,合于三代圣王尧舜禹汤文武者为之;凡言凡动,合于三代暴王桀纣幽厉者舍之。"

墨子说:"言语和行事,凡是有利于天帝鬼神和百姓的,就勉力地去做;言语和行事,凡是有害于天帝鬼神和百姓的,就放弃掉不要去做。言语和行事,凡是与三代的圣王如尧、舜、禹、汤、文、武相合的,就勉力地去做;言语和行事,凡是和三代的暴戾的君王如桀、纣、幽、厉等相合的,就丢开不要去做。"

子墨子曰:"言足以迁行者,常之;不足以迁行者,勿常。不足以迁行而常之,是荡口也。"

墨子说:"话倘使说了可以做到的,就不妨常说;话要是说了却做不到的,那就不必多说。因为既然做不到,而常去空说,这乃是徒劳口舌,无补实用。"

子墨子曰:"必去六辟。嘿则思,言则诲,动则事,使者三代御,必为圣人。必去喜,去怒,去乐,去悲,去爱,而用仁义。手足口鼻耳,从事于义,必为圣人。"

墨子说:"必须去掉喜、怒、哀、乐、爱、恶六样情感。静默时就从事深思,说话时就从事教诲人,一举一动都要做成点有益的事情,若照着这三样去做,必定可以成为圣人了。除去喜、怒、哀、乐、爱、恶等情感,而用仁义。令手、足、耳、目、口、鼻都从于义[1],这样也必定可以成为圣人了。"

子墨子谓二三子曰:"为义而不能,必无排其道。譬若匠人之斫而不能,无排其绳。"

墨子对弟子们说道:"你若不能够行义时,你不能因此就改变了义来迁就你。譬如木匠制木器不成功时,不能因此就不照着绳墨去做。"

子墨子曰:"世之君子,使之为一犬一彘之宰,不能则辞之;使为一国之相,不能而为之。岂不悖哉!"

墨子说:"世间的君子,若令他们去管一只狗或一头猪,假使他们不能够时,他们必定要推辞;但是若叫他们去做一国的相国,他们虽然没有这种能力也要去做。这是多么不合理的事呀!"

子墨子曰:"今瞽曰:'钜者白也,黔者黑也。'虽明目者无以易之。兼白黑使瞽取焉,不能知也。

---

[1] 原注:即非礼勿视、非礼勿听、非礼勿言、非礼勿动的意思。

故我曰:瞽不知白黑者,非以其名也,以其取也。今天下之君子之名仁也,虽禹汤无以易之。兼仁与不仁,而使天下之君子取焉,不能知也。故我曰:天下之君子不知仁者,非以其名也,亦以其取也。"

墨子说:"现在假使有一个瞎子,他也会说:'金刚石的颜色是白的,烟煤的颜色是黑的。'说这种话,虽是眼睛好的人也不过如此。但是若将黑白颜色的东西放在一起,再叫瞎子去挑某种颜色的东西时,瞎子就不知道了。所以我说:瞎子不知道黑白,并不是由他说黑白看出来的,乃是由于他选取黑白时看出来的。当今天下的君子谈说仁义,虽是禹、汤等圣人也不过如此。但是若将合乎仁义的事与不合乎仁义的事杂在一起,令天下的君子去选取了做,他们就不能够知道了。所以我说:天下的君子不知道仁义,并不由于他们不知道谈说,也是由于他们不知道选取。"

子墨子曰:"今士之用身,不若商人之用一布之慎也。商人用一布,布[1]不敢继苟而雠[2]也,

---

[1] 编者按:疑衍字。
[2] 原注:"雠"即"售"字正文。

必择良者。今士之用身则不然,意之所欲则为之,厚者入刑罚,薄者被毁丑,则士之用身,不若商人之用一布之慎也。"

墨子说:"当今士人用自己的身体,尚不及商人用一个布[1]谨慎。商人用一个布买东西时,布若不多,选购东西时就要格外当心,不敢轻易乱买,必定要挑好货。现在士人用自己的身体就不如此,他们只要想到哪里,就做到哪里,结果大则身被刑罚诛戮,小则名声败裂,遭人诟骂,可见得士人用自己的身体时,尚不及商人用一个布谨慎。"

子墨子曰:"世之君子欲其义之成,而助之修其身则愠。是犹欲其墙之成,而人助之筑则愠也,岂不悖哉!"

墨子说:"当世的君子都想对于道义有所成就,但是旁人若对他偶进忠言,于修身之道有所匡助,他就要发脾气了。这譬如想自己的墙壁筑成功,而当别人帮助他筑时,他反而发脾气一样,这是多么无理的事呀!"

---

[1] 原注:布是古代的货币。

子墨子曰："古之圣王，欲传其道于后世，是故书之竹帛，镂之金石，传遗后世子孙，欲后世子孙法之也。今闻先王之遗而不为，是废先王之传也。"

墨子说："古代的圣王想将他们的道术传给后世的人，所以才写在竹简和素帛上面，刻在金石的器用上面，传给后世的子孙，想后世的子孙以此为法则。现在一班人听见先王的道术，而不肯照着去做，这乃是把先王传下来的道术给废弃掉了。"

子墨子南游使卫，关中载书甚多。弦唐子见而怪之，曰："吾夫子教公尚过曰：'揣曲直而已。'今夫子载书甚多，何有也？"

墨子南游至卫国，车厢里载了许多的书。弦唐子看见了，觉得很奇怪，乃问墨子道："夫子曾教公尚过[1]道：'只要能够揣度事理的是非曲直就行了。'现在夫子载上这么许多书，是

---

[1] 原注：墨子的一个弟子。

为的什么呢?"

子墨子曰:"昔者周公旦朝读百篇,夕见漆十士。故周公旦佐相天子,其修至于今。翟上无君上之事,下无耕农之难,吾安敢废此?翟闻之:'同归之物,信有误者。'然而民听不钧,是以书多也。今若过之心者,数逆于精微同归之物,既已知其要矣,是以不教以书也。而子何怪焉?"

墨子道:"从前周公旦早晨读一百篇书,下午接见七十个士人,所以他能辅佐天子,功业声名一直流传到如今。现在我上没有辅佐人君之事,下没有耕田务农的困难,空的时候比周公旦多,我怎么敢把读书荒废了呢?我听说:'天下一切的事物都归于一个道理,但是各种解说不同,所以言语不免有错误的。'因此传闻各异,颇不一致,而书也就多了。现在公尚过已用心探求过事理精微深奥之处,万物同归一理,他已经知道它们的大要了,所以我不再教他去读书,只教他揣度事理的是非曲直。你又何必觉得奇怪呢?"

子墨子谓公良桓子曰:"卫,小国也,处于齐晋之间,犹贫家之处于富家之间也。贫家而学富家之衣食多用,则速亡必矣。今简子之家,饰车数百乘,马食菽粟者数百匹,妇人衣文绣者数百人。吾取饰车食马之费与绣衣之财以畜士,必千人有余。若有患难,则使百人处于前,数百于后,与妇人数百人处于前后,孰安?吾以为不若畜士之安也。"

墨子对公良桓子说道:"卫,是一个小国,又处于齐、晋二大国之间,就譬如一个贫穷的人家处于几个有钱的人家当中一样。贫穷人家若也仿照有钱的人家,考究衣食,费用浩大,那败亡是一定很快的。现在看看你的家里,有文采的车子有数百辆,吃豆料的马有几百匹,身着绣花衣裳的妇女有数百人。若将修饰车子、喂养马匹的费用以及用来制绣衣的钱财,省下来去养士人,必定可以供给千人以上。若遇有患难之时,就令百人处于前面,数百人处于后面,这和令数百个妇女分处于前后比较,哪样安全些呢?我以为不如养士人安全。"

子墨子仕人于卫,所仕者至而反。子墨子曰:"何故反?"对曰:"与我言而不当。曰:'待女以千盆。'授我五百盆,故去之也。"子墨子曰:"授子过千盆,则子去之乎?"对曰:"不去。"子墨子曰:"然则非为其不审也,为其寡也。"

墨子有个弟子去往卫国做官,到了卫国后,不久又回来了。墨子问他道:"你为什么又回来了?"答道:"卫君和我说了,但是又不守信。他说:'给你一千盆[1]粟的俸禄。'但是后来他只给我五百盆,我所以离开卫国回来了。"墨子道:"假使他给你千盆以上的粟,那你还是要离开卫国吗?"回说:"那就不离开了。"墨子说:"那么你并不是因为他不守信,你不过因为他给少了罢了。"

子墨子曰:"世俗之君子,视义士不若负粟者。今有人于此,负粟息于路侧,欲起而不能。君子见之,无长少贵贱,必起之,何故也?曰:义也。今为义之君子,奉承先王之道以语之,纵不说而行,又从而非毁之,则是世俗之君子之视义士也,不若视负粟者也。"

墨子说:"世俗的君子将义士看得还不如一个背米的人。现在假使此地有一个人,背了些米,蹲在路旁休息,要拿起来

---

[1] 原注:"盆"是古时的一种粟的量器。

时,拿不起来了。那么君子看见时,不论年纪老幼,位分高低,必定要帮他抬起来,这是为何呢?因为这才合乎义呀。现在从事行义的君子,若以先王之道去同他们说,他们非但不高兴做,还要加以毁谤,加以攻击,可见得世俗的君子把一个义士看作还不如背负粟米的人哩。"

子墨子曰:"商人之四方,市贾倍徙,虽有关梁之难,盗贼之危,必为之。今士坐而言义,无关梁之难,盗贼之危,此为倍徙,不可胜计,然而不为。则士之计利,不若商人之察也。"

墨子说:"商人到四方去做买卖,只要获利百倍,虽要经过关隘桥梁的困难,遭遇盗贼的危险,他们也必定要去做的。现在士人闲坐着谈论道义,并没有关隘与桥梁的困难,又没有盗贼的危险,这种利何止数百倍呢?算都算不清楚。然而他们尚不肯去做。可见得士人对于利益的打算,尚不及商人来得精呢。"

子墨子北之齐,遇日者。日者曰:"帝以今日杀黑龙于北方,而先生之色黑,不可以北。"子墨子不听,遂北至淄水,不遂而反焉。日者曰:"我谓先生不可以北。"

墨子向北往齐国去时,在路上遇见一个卜卦的。卜卦的对墨子说:"今天是天帝在北方杀黑龙的日子,先生的面色是黑的,不可以朝北去。"墨子不听,仍朝北行进,到了淄水,欲渡河未成,只得退回来。卜卦的说:"我不是说过先生不可以往北去吗?"

子墨子曰:"南之人不得北,北之人不得南,其色有黑者,有白者,何故皆不遂也?且帝以甲乙杀青龙于东方,以丙丁杀赤龙于南方,以庚辛杀白龙于西方,以壬癸杀黑龙于北方。若用子之言,则是禁天下之行者也。是围心而虚天下也。子之言不可用也。"

墨子道:"南方的人不能朝北去,北方的人不得往南来,南北二方的人,面色有的是黑的,有的是白的,为何都走到半路上折回去了呢?而且天帝在甲乙日杀青龙于东方,在丙丁日杀赤龙于南方,在庚辛日杀白龙于西方,在壬癸日杀黑龙于北方。若照你的话,不是要禁止天下一切的行旅吗?这乃是以迷信束缚人心,使天下的行人都减少了。你的话不能照着做。"

子墨子曰:"吾言足用矣,舍言革思者,是犹舍获而攈粟也。以其言非吾言者,是犹以卵投石也。尽天下之卵,其石犹是也,不可毁也。"

墨子说:"我的话足可以用。若舍去我说的话,更想他法,这就和舍弃麦子,反去拾取禾穗一样。以其他的言论来反对我的言论,这譬如拿蛋来击石头。将天下所有雀鸟的蛋都打碎完了,石头还是这样,还是不会被打坏。"

公孟

公孟子谓子墨子曰:"君子共己以待,问焉则言,不问焉则止。譬若钟然,扣则鸣,不扣则不鸣。"

公孟子对墨子说道:"君子应当拱着手侍立,等待国君发问,问他时他就说,不问他时他就不说。好像一只钟,敲它时它便响,不敲它时它便不响。"

子墨子曰:"是言有三物焉,子乃今知其一身也,又未知其所谓也。若大人行淫暴于国家,进而谏,则谓之不逊;因左右而献谏,则谓之言议。此君子之所疑惑也。若大人为政,将因于国家之难,譬若机之将发也然,君子之必以谏。然而大人之利,若此者,虽不扣必鸣者也。若大人举不义之异行,虽得大巧之经,可行于军旅之事,欲攻伐无罪之国有之也,君得之则必用之矣[1]。以广

---

[1] 编者按:此似衍文。

辟土地，著税伪材，出必见辱，所攻者不利，而攻者亦不利，是两不利也。若此者，虽不扣必鸣者也。且子曰：'君子共己待，问焉则言，不问焉则止。譬若钟然，扣则鸣，不扣则不鸣。'今未有扣，子而言，是子之谓不扣而鸣邪？是子之所谓非君子邪？"

墨子道："说法共有三种，你现在不过但知道其中之一罢了，并且你对于这一种的意思也不曾弄清楚。倘若王公大人们行淫暴于国家，你去进谏，他们便说你不恭顺；你若通过左右的人而献议，他们就说你在议论他们。在这种情形之下，君子是迟疑着不敢先发言论的。若君主之治理国政，在应付国家的危难，而举措影响大局，形势紧急，好比机关之将发动，此时君子就必定要去进谏。人君若用君子说的话收获功利，必定就要任用君子，像这样虽不去敲他，他也要发出声音来。倘若人君行不义之事，虽有巧妙的方略，去实行军事的计划，想去攻打无罪的国家，以扩大自家的土地，搜刮钱财，这样出战必定受屈辱，并且被攻打的国受害，而出兵去攻打的国也将受害，两方面都不利。在这类的形势之下，虽不去敲他，君子也必定要响的。并且你说：'君子但须拱着手等待人君发问，问他时他便说，不问他时他便不说。譬如钟一样，敲它时它便发出声音来,不敲它时它就没有声音。'那么现在并没有人来敲你呀,然而你却来和我说话,你岂不是不敲便响的吗? 照你的话说来,你也不是君子吗?"

公孟子谓子墨子曰:"实为善人,孰不知? 譬若良玉,处而不出有余糈。譬若美女,处而不出,人争求之;行而自炫,人莫之取也。今子遍从人而说之,何其劳也!"

公孟子对墨子说道:"倘若果真做善事的话,谁人会不知道呢? 譬如好巫者,虽深居不外出,人家仍去求他,送米做酬报,米总是有多余的。譬如美貌的女子,虽深居不外出,然而人家仍争着去向她求婚;至于自己去求配偶,淫奔潜逃,人家反而不要她了。现在你遍向人说你的主义,这是多么费力呀!"

子墨子曰:"今夫世乱,求美女者众,美女虽不出,人多求之;今求善者寡,不强说人,人莫之知也。且有二生于此,善星一,行为人筮者,与处而不出者,其糈孰多?"公孟子曰:"行为人筮者其糈多。"子墨子曰:"仁义钧,行说人者其功善亦多,何故不行说人也?"

墨子道:"当今天下乱了,求美女的人甚多,美女即使不出来,也有很多的人去追求她;但是求善人的人极少,你若不勉力地劝人,人家就不会知道你。并且假使此地有两个人,都善于卜卦起课,一个出外替人家去卜课,另一个待在家里不出来,这个出外卖卜的和那个待在家内不出来的,两个比较起来,卖卜所得的米谁多呢?"公孟子道:"出外替人卜课的人得的米多。"墨子说:"仁义若平均,出去向人家劝说的收的功效也较多,我为何不出去劝人相信我的主义呢?"

公孟子戴[1]章甫,搢忽,儒服,而以见子墨子,曰:"君子服然后行乎? 其行然后服乎?"子墨子曰:"行不在服。"

公孟子大模大样地戴着殷制的冠帽,执着朝笏板,穿着儒生的衣服,去见墨子,说:"君子是先注重服饰再注重行事呢,还是先注重行事然后才顾及服饰呢?"墨子道:"君子所重的在于行事,不在于服饰。"

---

[1] 原注:本多作"义",以意改。

公孟子曰："何以知其然也？"子墨子曰："昔者齐桓公高冠博带，金剑木盾，以治其国，其国治。昔者晋文公大布之衣，牂羊之裘，韦以带剑，以治其国，其国治。昔者楚庄王鲜冠组缨，绛衣博袍，以治其国，其国治。昔者越王勾践剪发文身，以治其国，其国治。此四君者，其服不同，其行犹一也。翟以是知行之不在服也。"

公孟子道："何以见得如此呢？"墨子道："当初齐桓公戴着高耸的冠帽，系着宽大的带子，用金剑和木制的盾牌，以治理国家，结果国家治理。当初晋文公穿粗布的衣服，披着母羊皮的皮袄，用没有文采的皮带挂剑，去治理国家，结果国家治理。当初楚庄王戴着鲜明的冠帽，缀着华丽的冠缨，穿着宽大的衣服，以治理国家，结果国家治理。当初越王勾践剪去头发，身上涂画着文采，以治理国家，结果国家也治理。这四位国君的服饰虽然不同，行事却是一致的。我因此知道君子所重的在于行事，不在于服饰。"

公孟子曰："善！吾闻之曰：'宿善者不祥。'请舍忽，易章甫，复见夫子可乎？"子墨子曰："请因以相见也。若必将舍忽，易章甫，而后相见，然则行果在服也。"

公孟子说："这话很对！我听说：'晓得一桩好事而不当天就去做的，必定要受灾祸。'让我把朝笏板放下，把殷制的冠帽换过，再来见夫子好吗？"墨子说："不必如此，就这样见我好了。若一定要先放下朝笏板，除去殷制的冠帽，然后才见我，不又是注重服饰过于行事了吗？"

公孟子曰："君子必古言服，然后仁。"子墨子曰："昔者商王纣卿士费仲，为天下之暴人，箕子、微子为天下之圣人，此同言而或仁不仁也；周公旦为天下之圣人，关叔为天下之暴人，此同服或仁或不仁。然则不在古服与古言矣。且子法周，而未法夏也，子之古非古也。"

公孟子说："君子必须讲古代的语言，着古代的衣服，然后才称得上是仁义。"墨子道："从前商王纣的卿士中，费仲是天下的残暴之人，箕子和微子是天下的圣人，他们说一样的语言，然而有的是仁人，有的不是仁人；周公旦是天下的圣人，管叔是天下的残暴之人，他们虽然穿的是一样的服装，但是有的是仁人，有的不是仁人。可见得语言和服装并不见得一定要是古代的方好。而且你遵从周礼,未曾遵从夏礼,那你所谓的古代还不是古代呀。"

公孟子谓子墨子曰:"昔者圣王之列也,上圣立为天子,其次立为卿大夫。今孔子博于诗书,察于礼乐,详于万物,若使孔子当圣王,则岂不以孔子为天子哉?"

公孟子对墨子说道:"当初圣王等级的排列,上圣立为天子,次一等的立为卿大夫。现在孔子博览诗书,精于礼乐的制度,对于万物的情理都知道得很详细,假使孔子生在圣王之世时,岂不要以孔子为天子了吗?"

子墨子曰:"夫知者,必尊天事鬼,爱人节用,合焉为知矣。今子曰孔子博于诗书,察于礼乐,详于万物,而曰可以为天子,是数人之齿,而以为富。"

墨子道:"聪明的人一定知道尊重天帝,奉事鬼神,爱护众人,节省用度,合此数件美德,然后才称得上聪明。现在你说孔子博览诗书,精于礼乐,对于一切事理都知道得很详细,就说他可以做天子,这譬如数人家的契齿[1],便以为自己发了财一样。"

公孟子曰:"贫富寿夭,齰然在天,不可损益。"又曰:"君子必学。"子墨子曰:"教人学而执有命,是犹命人葆而去其冠也。"

公孟子说:"贫穷或富有,长寿或短命,都由天命所定,是不能够加以更动的。"他又说:"君子必须求学。"墨子道:"既教人求学,又要执有命之说,这譬如既叫人包起头发来,又命人将他的冠帽去掉一样。"

公孟子谓子墨子曰:"有义不义,有祥不祥。"子墨子曰:"古圣王皆以鬼神为神明,而为祸福,执有祥不祥,是以政治而国安也。自桀纣以下,皆以鬼神为不神明,不能为祸福,执无祥不祥,是以政乱而国危也。故先王之书子亦有之曰:'其傲也,出于予不祥。'此言为不善之有罚,为善之

---

[1] 原注:古代的契,刻竹木以记数,刻的地方参差不齐,好像牙齿一样,所以叫作"契齿"。

有赏。"

公孟子对墨子说道:"人的行事虽然有时合乎义,有时不合乎义,然而天降祸福之事是的确没有的。"墨子道:"古代的圣王都以为鬼神神明,能降祸福给人,因此他们都执天降祸福之说,所以他们的刑政治理,国家安定。自从桀、纣以来,凡是暴君都以为鬼神并不神明,不能够降祸福给人,因此他们都坚持无祸福之说,结果他们的政治混乱,国家也危险了。所以先王的书中,如《箕子篇》也曾说过:'他傲慢无礼,就要获得灾祸。'这就是说为恶的就要受罚,行善的就可以获赏。"

子墨子谓公孟子曰:"丧礼,君与父母妻后子死,三年丧服;伯父叔父兄弟期;族人五月;姑姊舅甥皆有数月之丧。或以不丧之间,诵诗三百,弦诗三百,歌诗三百,舞诗三百。若用子之言,则君子何日以听治?庶人何日以从事?"

墨子对公孟子说道:"照儒家的丧礼,国君、父母、妻子和长子死后,要守三年的丧;伯父、叔父和兄弟死后,要守一整年的丧;本家亲戚死了,要守五个月的丧;姑母、姐姐、娘舅、外甥若死了,都有几个月的丧。在不守丧的时候,又要去习音乐,吟诵的诗有三百篇,鼓奏的诗有三百篇,歌唱的诗有三百篇,佐舞的诗有三百篇。若照你的话去做,去治儒家的礼乐,那君子何日方会去治理政事,人民何日方会去从事于工作呢?"

公孟子曰:"国乱则治之,国治则为礼乐。国治[1]则从事,国富则为礼乐。"子墨子曰:"国之治,治之废,则国之治亦废。国之富也,从事,故富也,从事废,则国之富亦废。故虽治国,劝之无餍,然后可也。今子曰:'国治则为礼乐,乱则治之。'是譬犹噎而穿井也,死而求医也。古者三代暴王桀纣幽厉,蒍为声乐,不顾其民,是以身为刑僇,国为戾虚者,皆从此道也。"

公孟子道:"国家倘若混乱,就去从事治理;国家倘若太平,就去考究礼乐。国家倘若贫穷,就去努力生产;国家倘若富足,就去研究礼乐。"墨子道:"国家之所以会太平,是因为你去治理它,所以它才会太平;若一不去治理它,国家立刻就会混乱的。国家之所以能够富足,是因为你在勤力地做事,所以它才会富足;若一不去勤力地做事,国家立刻就要转为穷困。

---

[1] 编者按:此处"治"疑为"贫"。

所以即使是平治的国家,亦必须勉之无已,然后才可以使国家永远治理,永远富足。现在你说:'国家平治后,就去研究礼乐,等国家乱了,再去治它。'这譬如等到口渴时再去凿井取水喝,人死了再去找医生一样。古时三代的暴戾的君王如桀、纣、幽、厉等,只顾考究音乐,不顾人民的疾苦,所以结果自己身被刑戮,国家也灭亡,成为荒墟之地,而子孙也绝灭,都是这样做的结果。"

公孟子曰:"无鬼神。"又曰:"君子必学祭祀。"子墨子曰:"执无鬼而学祭礼,是犹无客而学客礼也,是犹无鱼而为鱼罟也。"

公孟子说:"鬼神是没有的。"又说:"君子必须学祭祀。"墨子道:"既然相信没有鬼神,又要去学祭祀之礼,这如同既已知道没有客人,而去学招待客人的礼节,既已知道没有鱼,还要去结渔网一样。"

公孟子谓子墨子曰:"子以三年之丧为非,子之三日[1]之丧亦非也。"子墨子曰:"子以三年之

---

[1] 原注:"三日"当为"三月"。下同。

丧非三日之丧,是犹果谓撅者不恭也。"

公孟子对墨子说道:"你既然以为守三年丧是不对的,那么你主张守三个月的丧也是不对的了。"墨子道:"你以三年之丧来说三月之丧不对,这也和打着赤膊的人说揭起衣裳的人不对一样。"

公孟子谓子墨子曰:"知有贤于人,则可谓知乎?"子墨子曰:"愚之知有以贤于人,而愚岂可谓知矣哉?"

公孟子对墨子说道:"假使偶然有一件事比别人好,就可以算得聪明了吗?"墨子道:"愚笨的人也偶然会做一件比别人好的事,然而愚笨的人岂可以说就是聪明人呢?"

公孟子曰:"三年之丧,学吾之慕父母。"子墨子曰:"夫婴儿子之知,独慕父母而已。父母不可得也,然号而不止,此其故何也?即愚之至也。然则儒者之知,岂有以贤于婴儿子哉?"

公孟子说:"三年之丧,是要学小孩子那样去依恋父母。"

墨子道:"小孩子的知识甚浅,他们但知道依慕父母而已。父母不可复得,然而他号啕痛哭不止,这是什么缘故呢? 就是因为他愚笨之极。那么现在儒者的知识,比小孩子又好到哪里呢?"

子墨子问于儒者曰:"何故为乐?"曰:"乐以为乐也。"子墨子曰:"子未我应也。今我问曰:'何故为室?'曰:'冬避寒焉,夏避暑焉,室以为男女之别也。'则子告我为室之故矣。今我问曰:'何故为乐?'曰:'乐以为乐也。'是犹曰:'何故为室?'曰:'室以为室也。'"

墨子问一个儒者道:"为何要为音乐?"儒者道:"音乐以为乐也。"墨子说:"你不曾答复我的问题。现在我问你:'为何要造宫室?'你若说:'冬天可以避寒,夏天可以避暑,并且隔绝内外,可以令男女有分别。'你就将为何要造宫室的缘故告诉我了。现在我问你:'为何要为音乐?'你只说:'音乐以为乐也。'这就好比我问你:'为何要造宫室?'而你回答我说:'宫室所以为室也。'"

子墨子谓程子曰:"儒之道足以丧天下者,四政焉。儒以天为不明,以鬼为不神,天鬼不说,此足以丧天下。又厚葬久丧,重为棺椁,多为衣衾,送死若徙,三年哭泣,扶后起,杖后行,耳无闻,目无见。此足以丧天下。又弦歌鼓舞,习为声乐,此足以丧天下。又以命为有,贫富寿夭、治乱安危有极矣,不可损益也。为上者行之,必不听治矣;为下者行之,不必从事矣。此足以丧天下。"

墨子对程子说:"儒者之道有四点足以毁坏天下。儒者以为上天不神明,以为鬼神也不神明,所以天帝和鬼神都不高兴了,此事足以令天下毁坏。又主张厚葬久丧,制极厚的棺材,做许多衣被,去装殓死者,送殡的人极多,像搬家一般热闹,守三年丧,哭泣不已,以致身体虚弱,必须靠人搀扶才能够立起来,拄着拐杖才能够行走,耳朵都听不见了,眼睛都看不见了。这事足以令天下毁坏。又弹琴唱歌,击鼓舞蹈,学习音乐,这事足以令天下毁坏。又以为命由前定,富贵贫贱、长寿短命、国家之治理与否或是安定危乱,都有一定的,都不是人力所可勉强的。在上位的相信这话做去,一定不再努力去办事;下面的人民若相信这话做去,就一定不肯勤恳地做事。此事也足以令天下毁灭。"

程子曰："甚矣！先生之毁儒也。"子墨子曰："儒固无此若四政者，而我言之，则是毁也；今儒固有此四政者，而我言之，则非毁也，告闻也。"程子无辞而出。子墨子曰："迷之！"反，后坐，进复曰："乡者先生之言有可闻者焉。若先生之言，则是不誉禹，不毁桀纣也。"子墨子曰："不然。夫应孰辞称议而为之，敏也。厚攻则厚吾，薄攻则薄吾。应孰辞而称议，是犹荷辕而击蛾也。"

程子道："先生这样攻击儒者，也太过分了！"墨子道："假使儒者本来没有这四件事，而我这样说，我就是在毁谤他们；现在儒者实在有这四件事，而我这样说，就并不是毁谤他们，我不过将我所听得讲出来罢了。"程子没有话说，退了出去。墨子说："你回来！"程子又走进来，坐下后，又向墨子说道："适才先生所说的话也有不对的地方。若照先生的话讲，先生岂不是既不称赞禹，也不反对桀、纣吗？"墨子道："不是如此。应当商讨的就商讨，应当争辩的就争辩，这才称得上是聪明。别人用力攻击你时，你就用力地抵御；别人未用力攻击你时，你也不必出全力去抵御。应当商讨的时候，而你却去争辩，这譬如扛起车前的横木去打蚂蚁一样。"

子墨子与程子辩,称于孔子。程子曰:"非儒,何故称于孔子也?"子墨子曰:"是亦当而不可易者也。今鸟闻热旱之忧则高,鱼闻热旱之忧则下。当此虽禹汤为之谋,必不能易矣。鱼鸟可谓愚矣,禹汤犹云因焉。今翟曾无称于孔子乎?"

墨子和程子争辩,墨子引孔子的话来应对程子。程子道:"你既然反对儒家,为何又来引孔子所说的话呢?"墨子道:"我所引的孔子的话,乃是他说得对的一句话,这句话是不可以更改的。譬如鸟知道天气要更热时,就飞往天空极高的去处,鱼知道天气要更热时,就游到水中最深的地方去。对于这种天气的预测,虽是禹、汤之智,都不及鱼和鸟。鱼和鸟可算得是愚笨无知的了,然而禹、汤有时还要去请教他们。现在我怎么可以一概不顾孔子的话呢?"

有游于子墨子之门者,身体强良,思虑徇通,欲使随而学。子墨子曰:"姑学乎,吾将仕子。"劝于善言而学,其年,而责仕于子墨子。

有一个人常往墨子处走动,此人身体甚为强壮,思想也极灵敏,墨子想他跟自己求学。乃对他说道:"你跟我求学,我就替你找官做。"此人被这句好话激励了,乃跟随墨子求学,过了一年,他向墨子催问,怎么还不给他找事。

子墨子曰:"不仕子。子亦闻夫鲁语乎?鲁有昆弟五人者,其父死,其长子嗜酒而不葬。其四弟曰:'子与我葬,当为子沽酒。'劝于善言而葬。已葬,而责酒于其四弟。四弟曰:'吾未予子酒矣。子葬子父,我葬吾父,岂独吾父哉?子不葬,则人将笑子,故劝子葬也。'今子为义,我亦为义,岂独我义也哉?子不学,则人将笑子,故劝子于学。"

墨子道:"我不替你找官做了。你曾听过鲁国的故事吗?鲁国有弟兄五人,父亲死后,大哥只顾吃酒,不管葬父亲的事。这四个弟弟乃对他说道:'你若替我们把父亲葬了,我们就打酒给你喝。'大哥被这句好话激励了,乃将父亲给葬了。葬后,他去向他的四位兄弟要酒喝。四个兄弟说:'我们没有酒给你喝。你葬你的父亲,我葬我的父亲,父亲也不只是我们的父亲。你若不葬父亲,人家要笑你的,所以我们劝勉你。'现在你在行义,我也在行义,道义也不是我一个人的。但是你若不求学,人家是要笑你的,所以我用这话来劝勉你。"

有游于子墨子之门者,子墨子曰:"盍学乎?"对曰:"吾族人无学者。"子墨子曰:"不然。夫好美者,岂曰吾族人莫之好,故不好哉?夫欲富贵者,岂曰我族人莫之欲,故不欲哉?好美欲富贵者,不视人犹强为之。夫义,天下之大器也,何以视人必强为之?"

有一个人常往墨子处去,墨子说:"你何不来求学呢?"答道:"我的族人中没有人求学的。"墨子说:"这话不对。喜欢美色的,也有说'我的族人中没有人喜欢美色',因此就不喜欢美色吗?人都想富贵,也有人说'我的族人中没有人喜欢富贵',因此也就不想富贵吗?喜欢美色同想富贵,不管旁人如何,自己总要这样去做,何况义理乃是天下最伟大的东西呢?你何必一定要去看旁人的样子?你自己勉力去做好了!"

有游于子墨子之门者,谓子墨子曰:"先生以鬼为神明知,能为祸福,为善者富之,为暴者祸之。今吾事先生久矣,而福不至,意者先生之言有不善乎?鬼神不明乎?我何故不得福也?"

有一个人跟墨子求学,他有一次问墨子道:"先生以为鬼神神明,能降祸福给人,使善良的人富有,令暴戾的人获得灾祸。现在我侍奉先生也很久了,然而不曾见先生得到天降的福泽,难道因为先生说的话有不对的地方吗?还是因为鬼神不神明呢?我为何也得不到天降的福泽呢?"

子墨子曰:"虽子不得福,吾言何遽不善?而鬼神何遽不明?子亦闻乎匿徒之刑之有刑乎?"对曰:"未之得闻也。"

墨子道:"你虽然不曾得到福泽,但是我说的话何尝不是好话,鬼神又何尝不是神明的呢?你曾听说隐藏罪犯的人也有罪过的吗?"回说:"我不曾听说过。"

子墨子曰:"今有人于此,什子,子能什誉之,而一自誉乎?"对曰:"不能。""有人于此,百子,子能终身誉其善,而子无一乎?"对曰:"不能。"子墨子曰:"匿一人者犹有罪,今子所匿者若此其多,将有厚罪者也,何福之求?"

墨子道:"现在假使此地有一个人,他的才能胜过你十倍,你能称赞他十次,只称赞你自己一次吗?"回说:"我不能够。"墨子道:"假使此地有一个人,他的才能胜过你百倍,你能够一辈子称赞他的好处,一次都不提到你自己吗?"回说:"我不能够。"墨子道:"隐藏一个罪犯尚且有罪,何况你现在掩藏这么多人的善处,你将有更大的罪过,还要求些什么福泽呢?"

　　子墨子有疾,跌鼻进而问曰:"先生以鬼神为明,能为祸福,为善者赏之,为不善者罚之。今先生圣人也,何故有疾?意者先生之言有不善乎?鬼神不明知乎?"子墨子曰:"虽使我有病,何遽不明?人之所得于病者多方,有得之寒暑,有得之劳苦。百门而一门焉,则盗何遽无从入哉?"

　　墨子生病,跌鼻乃问墨子道:"先生以为鬼神神明,能降祸福给人类,做好事的就得到赏赐,做坏事的就得到惩罚。现在先生乃是圣人,怎么会害起病来呢?难道因为先生说的话其中有不好的地方吗?还是因为鬼神并不神明呢?"墨子道:"我虽然生病,但是何以见得鬼神不神明呢?人得病的原因甚多,有时由冷热不调而致病,有时因为劳苦过度而致病。譬如一个房子有一百扇门,你只关闭了一扇门,盗贼就不能进来了吗?"

二三子有复于子墨子学射者，子墨子曰："不可。夫知者必量其力所能至而从事焉。国士战且扶人，犹不可及也，今子非国士也，岂能成学又成射哉？"

弟子们有的来请墨子，要学习射箭，墨子说："不成。聪明的人做事一定要先衡量自己的力量做得到的再做。全国才能出众的人尚且不能同时顾及打仗和扶人，何况你们并非全国才能出众的人，怎么能够既求学又习射，令二者都成功呢？"

二三子复于子墨子曰："告子曰言义而行甚恶，请弃之。"子墨子曰："不可！称我言以毁我行，愈于亡。有人于此，翟甚不仁，尊天事鬼爱人，甚不仁，犹愈于亡也。今告子言谈甚辩，言仁义而不吾毁，告子毁，犹愈亡也。"

弟子们向墨子请求道："告子说先生虽然谈道义，然而行事不好，请先生弃绝了他。"墨子说："不可以！他虽然毁訾我的行事，但是还称赞我的言语，这总比没有他好些。假使此地有一个人，我很不喜欢他，但是此人知道尊敬上天，奉事鬼神，博爱众人，那么此人虽不和我相好，我终以为有此人总比没有此人好。现在告子谈话极敏捷,称道仁义,他虽然毁訾我,我以为这总比没有这个人好些。"

二三子复于子墨子曰:"告子胜为仁。"子墨子曰:"未必然也!告子为仁,譬犹跂以为长,隐以为广,不可久也。"

弟子们对墨子说道:"告子足以行仁义之道。"墨子说:"不见得吧!告子之行仁义,譬如踮起脚来使身体长,撑起身体来使它阔,这是不能够经久的。"

告子谓子墨子曰:"我治国为政。"子墨子曰:"政者,口言之,身必行之。今子口言之,而身不行,是子之身乱也。子不能治子之身,恶能治国政?子姑亡,子之身乱之矣!"

告子对墨子说道:"我能治理国家,经营政事。"墨子道:"治理国政,不能光靠嘴说,得亲自去做才行,现在你光嘴里空讲,自己又不去实行,你本身先就乱了。你连你本身都治理不了,你怎么能够去治理国家呢?你姑且不必这样讲吧,你本身已经乱了!"

鲁 问

鲁君谓子墨子曰:"吾恐齐之攻我也,可救乎?"子墨子曰:"可。昔者三代之圣王禹汤文武,百里之诸侯也,说忠行义,取天下;三代之暴王桀纣幽厉,仇怨行暴,失天下。吾愿主君之上者尊天事鬼,下者爱利百姓,厚为皮币,卑辞令函,遍礼四邻诸侯,驱国而以事齐,患可救也。非愿无可为者。"

鲁君问墨子道:"我恐怕齐国要攻打我国,有什么方法可以救我国吗?"墨子道:"有的。从前三代的圣王,如禹、汤、文、武,都是地方百里的诸侯,但是因为他们很忠诚,力行道义,结果取得了天下;三代的暴戾的君王,如桀、纣、幽、厉,他们暴虐百姓,百姓都怨恨他们,所以他们将天下失去。我希望主君[1]上尊敬天帝,奉事鬼神,下爱护百姓,替百姓求福利,用极贵重的皮币、极卑恭的措辞,疾速去向四邻的诸侯行聘礼,联络他们,然后率领全国的民众去抵抗敌人,如此齐国之患就可以解

---

[1] 原注:指鲁君。

除了。除此以外，没有别的方法可以救鲁国了。"

齐将伐鲁，子墨子谓项子牛曰："伐鲁，齐之大过也。昔者吴王东伐越，栖诸会稽；西伐楚，葆昭王于随；北伐齐，取国太子以归于吴。诸侯报其仇，百姓苦其劳，而弗为用，是以国为虚戾，身为刑僇也。昔者智伯伐范氏与中行氏，兼三晋之地。诸侯报其仇，百姓苦其劳，而弗为用，是以国为虚戾，身为刑僇，用是也。故大国之攻小国也，是交相贼也，过必反于国。"

齐国要去攻打鲁国，墨子对项子牛[1]说道："攻打鲁国，实在是齐国的一件大过错。从前吴王往东面去攻打越国，将越王囚禁在会稽山上；往西面去攻打楚国，楚昭王出走，逃往随去；又往北面去攻打齐国，把国子[2]捉获，带回吴国。诸侯都联合起来去复仇，百姓因劳苦过甚，心中都怨恨不服，不肯供他驱使，所以结果国家灭亡，成为荒墟之地，吴王自己也受刑戮之诛。从前智伯起兵攻打范氏和中行氏，兼并了三晋之地。

---

[1] 原注：齐国的将官。
[2] 原注：名叫国书，是齐国的大将。

诸侯联合起来报仇,百姓因为劳苦过甚,心中怨恨不服,不肯供他驱使,所以结果国家灭亡,成为荒墟之地,智伯自己也受刑戮之祸,这都是由于好攻战的缘故。所以大国之攻打小国,双方都受到损害,所施给人家的祸患结果是必定要还给自己的。"

　　子墨子见齐大王曰:"今有刀于此,试之人头,倅然断之,可谓利乎?"大王曰:"利。"子墨子曰:"多试之人头,倅然断之,可谓利乎?"大王曰:"利。"子墨子曰:"刀则利矣,孰将受其不祥?"大王曰:"刀受其利,试者受其不祥。"子墨子曰:"并国覆军,贼杀百姓,孰将受其不祥?"大王俯仰而思之,曰:"我受其不祥。"

　　墨子去见齐大王[1]道:"假使此地有一柄刀,拿这柄刀去试砍人头,一下就把人的头给砍了下来,这柄刀算得锋利吗?"大王说:"这刀很锋利。"墨子道:"多试砍几个人的头,也都一下就砍了下来,这柄刀算得锋利吗?"大王说:"这刀很锋利。"墨子道:"刀是锋利的了,但是试刀的结果谁得到灾祸呢?"大

---

[1] 原注:即齐太公田和。

王说:"刀得到锋利之名,试刀的将得到凶祸。"墨子道:"兼并他人的国家,歼灭人家的军队,杀害百姓,结果谁应当得到凶祸呢?"大王低下头来想了一会,答道:"我应当得到凶祸。"

鲁阳文君将攻郑,子墨子闻而止之,谓阳文君曰:"今使鲁四境之内,大都攻其小都,大家伐其小家,杀其人民,取其牛马狗豕布帛米粟货财,则何若?"鲁阳文君曰:"鲁四境之内,皆寡人之臣也。今大都攻其小都,大家伐其小家,夺之货财,则寡人必将厚罚之。"

鲁阳文君要去攻打郑国,墨子听见了这个消息后,立刻去劝止他,对鲁阳文君说道:"假使现在鲁阳四境之内,大的都邑都去攻打小的都邑,大的人家都去攻打小的人家,将人家杀了,把人家的牛马猪狗、布帛粟米以及钱财都抢了去,你预备怎么办呢?"鲁阳文君道:"鲁阳四境之内都是寡人的臣民,假使现在大的都邑去攻打小的都邑,大的人家去攻打小的人家,抢夺人家的钱财,那寡人必定要严厉地处罚他们。"

子墨子曰:"夫天之兼有天下也,亦犹君之有四境之内也。今举兵将以攻郑,天诛其不至乎?"

鲁阳文君曰："先生何止我攻郑也？我攻郑，顺于天之志。郑人三世杀其父，天加诛焉，使三年不全。我将助天诛也。"子墨子曰："郑人三世杀其父，而天加诛焉，使三年不全，天诛足矣。今又举兵将以攻郑，曰：'吾攻郑也，顺于天之志。'譬有人于此，其子强梁不材，故其父笞之，其邻家之父举木而击之，曰：'吾击之也，顺于其父之志。'则岂不悖哉！"

墨子道："上天之兼有天下，也和人君之兼有四境之内一样。现在你起兵去攻打郑国，上天就不会诛罚你了吗？"鲁阳文君道："先生为何要劝我不要去攻打郑国呢？我攻打郑国，乃是顺着上天的意志。郑人三代都将国君杀了，上天降下诛罚，令郑国三年都饥荒没有收成。我要辅助上天去诛罚他们。"墨子道："郑人三代都将国君杀死，于是天降诛罚，令郑国三年都饥荒没有收成，天的诛罚已经够了。现在你又要起兵去攻打郑国，说：'我之攻打郑国，是顺从天的意志。'这譬如此地有一个人，他的儿子使气不肯学好，他已经打了儿子一顿，他的邻人又举起木头来打，说：'我打他，是顺着他的父亲的意志。'这是多么荒谬无理呀！"

子墨子谓鲁阳文君曰:"攻其邻国,杀其民人,取其牛马粟米货财,则书之于竹帛,镂之于金石,以为铭于钟鼎,传遗后世子孙曰:'莫若我多。'今贱人也,亦攻其邻家,杀其人民,取其狗豕食粮衣裘,亦书之竹帛,以为铭于席豆,以遗后世子孙曰:'莫若我多。'其可乎?"鲁阳文君曰:"然。吾以子之言观之,则天下之所谓可者,未必然也。"

墨子对鲁阳文君说道:"人君攻打邻国,杀戮该国的人民,夺取人家的牛马、粟米和钱财后,就记在竹简和素帛上,刻在金石上面,钟鼎上面镂着铭词,传给后世的子孙,说:'我的战功,人家都比不上。'现在假使一个平民也攻打他的邻家,杀死邻人,夺取人家的猪狗、食粮和衣服,也将这事记在竹简和素帛上,作些铭词留在坐席和俎豆上面,留给后世的子孙,说:'我的战功别人都比不上。'这可以吗?"鲁阳文君道:"很对。听你的话后,可见得天下人所认为对的事未必一定对啊。"

子墨子谓鲁阳文君曰:"世俗之君子,皆知小物而不知大物。今有人于此,窃一犬一彘,则谓之不仁；窃一国一都，则以为义。譬犹小视白谓之白，大视白则谓之黑。是故世俗之君子，知小物而不知大物者，此若言之谓也。"

墨子对鲁阳文君说道："世俗的君子对于小事明白，对于大事反都不明白。现在假使此地有一个人，偷了人家一条狗或是一头猪，大家就说他不仁爱；但是若窃取一个国家或是一个都邑，大家就以为他合乎义。这譬如看见少许白时就说是白色，多看见些白色时反说那是黑色一样。所以世俗的君子，但明白小事，不明白大事，也和人黑白不分一样。"

鲁阳文君语子墨子曰："楚之南有啖人之国者桥，其国之长子生，则鲜而食之，谓之宜弟。美则以遗其君，君喜则赏其父，岂不恶俗哉？"子墨子曰："虽中国之俗，亦犹是也。杀其父而赏其子，何以异食其子而赏其父者哉？苟不用仁义，何以非夷人食其子也？"

鲁阳文君对墨子说道："楚国的南面有一个吃人国，相传该国的人凡是生了第一个孩子时，就将他肢解吃了，说这样'宜弟'。假使滋味好的话，还要送给国君去吃，国君吃得高兴时,还要赏赐孩子的父亲,这真是一种坏风俗。"墨子道:"虽是中国的风俗,也是如此啊。杀死人家的父亲[1]而赏赐死者的孩子,这和吃了人家的孩子而赏赐孩子的父亲有什么分别呢?若不用仁义去治国,这和蛮夷之人吃孩子有什么区别呢?"

鲁君之嬖人死,鲁君为之诔,鲁人因说而用之。[2]子墨子闻之曰:"诔者,道死人之志也。今因说而用之,是犹以来首从服也。"

鲁君的一个宠幸的臣子死了,鲁国有一个人作了一篇诔颂扬他,鲁君看见了很喜欢,遂用此人做官。墨子听见这事,乃说道:"诔,乃是称述死人的意志的文章。现在因为喜欢这篇文章就用此人做官,所用并非所长,这好像用马去耕田一样。"

鲁阳文君谓子墨子曰:"有语我以忠臣者,令之俯则俯,令之仰则仰,处则静,呼则应,可谓忠臣乎?"子墨子曰:"令之俯则俯,令之仰则仰,是

---

[1] 原注:意思是出兵打仗,令人民战死。
[2] 编者按:据《墨子间诂》,第二小句"鲁君"当作"鲁人",第三小句"鲁人"当作"鲁君",传写误也。

似景也；处则静，呼则应，是似响也。君将何得于景与响哉？若以翟之所谓忠臣者，上有过，则微之以谏；己有善，则访之上，而无敢以告外；匡其邪而入其善，尚同而无下比。是以美善在上，而怨仇在下；安乐在上，而忧戚在臣。此翟之谓忠臣者也。"

鲁阳文君对墨子说道："有人告诉我一个忠臣，说这个臣子，国君令他抬起头来，他就抬起头来，令他低下头去，他就低下头去，不动时他就不响，呼喊他时他就回应，这可以算得忠臣了吧？"墨子道："令他低下头去，他就低下头去，令他抬起头来，他就抬起头来，这和影子一样；不动时他就不响，呼喊时他就回应，这和回声一样。国君从影子和回声能得到些什么好处呢？我所以为的忠臣和这个不同：主上有过错时，他就找机会进谏；自己有好计划时，就去进献给主上，不敢告诉外人；匡佐主上，使他不流入邪恶，使他走上正道，只知举用贤人，不知私结党派。于是使主上享受美善之名，臣下分受仇怨之实；主上安乐，人臣忧苦。这才是我所以为的忠臣。"

鲁君谓子墨子曰："我有二子，一人者好学，一人者好分人财，孰以为太子而可？"子墨子曰：

"未可知也。或为所赏与为是也。钓者之恭,非为赐也;饵鼠以虫,非爱之也。吾愿主君之合其志功而观焉。"

鲁君对墨子说:"我有两个儿子,一个喜欢求学,还有一个喜欢分给别人钱财,你看我立哪一个做太子好呢?"墨子道:"光从这一点是不能晓得的。或者他们好求学与分散钱为的是得到赏赐与好名声。譬如钓鱼的那样恭敬,他并不是在尊重鱼;放毒药在食物内给老鼠吃,这并不是喜欢老鼠。我希望主君能够在观察他们的行事外,更同时体会他们的用意。"

鲁人有因子墨子而学其子者,其子战而死,其父让子墨子。子墨子曰:"子欲学子之子,今学成矣,战而死,而子愠。而犹欲粜,籴雠[1]则愠也,岂不费哉?"

鲁国有一个人请墨子教他的儿子,儿子后来因为打仗死了,他的父亲来责备墨子。墨子道:"你要我教你的儿子,现在你的儿子已经学成功了,因为战事而死,你遂发怒。这就和想

---

[1] 原注:"雠"字正作"仇"。

卖米的等米卖出后发怒一样,这是多么荒谬无理呀!"

鲁之南鄙人有吴虑者,冬陶夏耕,自比于舜。子墨子闻而见之,吴虑谓子墨子:"义耳!义耳!焉用言之哉?"子墨子曰:"子之所谓义者,亦有力以劳人,有财以分人乎?"吴虑曰:"有。"

鲁国的南鄙有一个人,名叫吴虑的,冬天制陶器,夏天耕田,将自己比作舜。墨子听见这事,乃去会见他。吴虑对墨子说道:"义啊!义啊!这何须你说呢?"墨子道:"你所谓义者,也有力量足够去替人家服务,有货财足够分给别人吗?"吴虑说:"有的。"

子墨子曰:"翟尝计之矣。翟虑耕天下而食之人矣盛,然后当一农之耕,分诸天下,不能人得一升粟。籍而以为得一升粟,其不能饱天下之饥者,既可睹矣。翟虑织而衣天下之人矣盛,然后当一妇人之织,分诸天下,不能人得尺布。籍而以得尺布,其不能暖天下之寒者,既可睹矣。翟虑被坚执锐救诸侯之患盛,然后当一夫之战,一夫之战,其不御三军，既可睹矣。翟以为不若诵先王之道，而求其说，通圣人之言，而察其辞。上说王公大人，次匹夫徒步之士。王公大人用吾言，国必治；匹夫徒步之士用吾言，行必修。故翟以为虽不耕而食饥，不织而衣寒，功贤于耕而食之、织而衣之者也。[1]故翟以为虽不耕织乎，而功贤于耕织也。"

墨子道："我曾考虑过这件事。我曾想去耕田，使天下人都有粮食吃，但是仅凭我的力量，不过只抵一个农夫。一个农夫耕田所收的粟米，分给天下人时，每人尚派不到一升米。就假使每人能得到一升米，这也不能令天下饥饿的人饱足，这是很明显的事。我也曾想到去纺织，使天下的人都有衣服穿，但是仅凭我的力量，不过只抵一个妇人。一个妇人纺织成的衣服，分给天下的人时，每人尚派不到一尺布。就假使每人都能得一尺布，这也不能就令天下贫寒的人暖和，这是极为明显的事。我曾想到披着坚固的铠甲，执着锐利的兵器去救诸侯的患难，但是仅凭我的力量，不过只抵得一名兵士。一名兵士虽用力打仗，也不能统御三军，这也是极为明显的事。所以我以为不如称述先王的道术，研究先王的学说，精通圣人的言语，

---

[1] 编者按：此句缺译解，联系上下文似可补："所以我以为，即使不耕田，使饥饿的人有饭吃，也不纺织，使贫寒的人暖和，然而功劳远过于耕田和纺织的人。"

细察他们的文辞。上去游说王公大人,下去晓喻平民和步行的人士。王公大人们若用我的话,国家必定可以治理;平民和步行的人士若用我的话,自己的品行就可改好。所以我以为虽不去耕田纺织,然而其功劳远过于耕田和纺织。"

吴虑谓子墨子曰:"义耳!义耳!焉用言之哉?"子墨子曰:"籍设而天下不知耕,教人耕,与不教人耕而独耕者,其功孰多?"吴虑曰:"教人耕者其功多。"子墨子曰:"籍设而攻不义之国,鼓而使众进战,与不鼓而使众进战而独进战者,其功孰多?"吴虑曰:"鼓而进众者其功多。"子墨子曰:"天下匹夫徒步之士少知义,而教天下以义者,功亦多,何故弗言也?若得鼓而进于义,则吾义岂不益进哉?"

吴虑说:"义啊!义啊!这何用你说呢?"墨子道:"假使天下人都不知道去耕田,那么教人耕田的、不教人耕田的以及独自去耕田的,这三种人谁的功劳最大呢?[1]"吴虑说:"教人耕田的功劳最大。"墨子道:"假使去攻打不义之国,那么击鼓

---

[1] 编者按:此句疑有误,似应为"教人耕田的"与"不教人耕田而独自去耕田的"两种。

令众人进战的、不击鼓令人进战的以及独自进战的,这三种人谁的功劳最大?[1]"吴虑道:"击鼓指挥众人进战的功劳最大。"墨子道:"天下的平民和步行的士人少有知道义的,那么教天下的人行义,功劳也比较大,为何不向人家去说呢?别人若因为我的鼓励而行义,那么我自己不也更道义了吗?"

子墨子游公尚过于越。公尚过说越王,越王大说,谓公尚过曰:"先生苟能使子墨子于越而教寡人,请裂故吴之地方五百里,以封子墨子。"公尚过许诺。遂为公尚过束车五十乘,以迎子墨子于鲁。曰:"吾以夫子之道说越王,越王大说,谓过曰:'苟能使子墨子至于越而教寡人,请裂故吴之地方五百里以封子。'"

墨子令公尚过往越国去。公尚过去向越王陈说计划,越王大为高兴,对公尚过说道:"先生若能使墨子到越国来教寡人,寡人愿分故吴的地方五百里封他。"公尚过答应了。越王于是替公尚过备了五十辆车子,去往鲁国迎接墨子。公尚过

---

[1] 编者按:此句疑有误,似应为"击鼓令众人进战的"与"不击鼓令众人进战而独自作战的"两种。

说:"我以夫子之道去向越王陈说,越王大喜,对我说道:'你若能令墨子到越国来教寡人,寡人愿分吴国的地方五百里封他。'"

子墨子谓公尚过曰:"子观越王之志何若?意越王将听吾言,用我道,则翟将往,量腹而食,度身而衣,自比于群臣,不能以封为哉?抑越不听吾言,不用吾道,而我往焉,则是我以义粜也。钧之粜,亦于中国耳,何必于越哉?"

墨子对公尚过说:"你看越王的用意怎样?假使越王要听我的言语,用我的道术,我就往越国去,不过吃一个人所需的食粮,穿一个人所需的衣服,和越王的群臣一样,又何须受封呢?假使越王不听我的言语,不用我的道术,而我却到越国去,我不是去出卖义吗?既然是出卖义,我也在中国[1]卖,何必要往越国去卖呢?"

子墨子游,魏越曰:"既得见四方之君子,则将先语?"子墨子曰:"凡入国,必择务而从事焉。

---

[1] 编者按:指中原各国。

国家昏乱,则语之尚贤尚同;国家贫,则语之节用节葬;国家憙音湛湎,则语之非乐非命;国家淫僻无礼,则语之尊天事鬼;国家务夺侵凌,即语之兼爱非攻。故曰择务而从事焉。"

墨子令魏越去往各国游历,魏越道:"见了四方的君子时,应当先说什么呢?"墨子道:"凡到一个国内,必须拣该国所急需的讲。国家若昏乱,就说尊重贤人;国家若贫穷,就说节省用度,节省葬礼;国内的人若喜欢听音乐、饮酒,就向他们讲反对音乐,反对命运论;国内的人若荒淫邪僻,行事无礼,就对他们讲尊敬上天,奉事鬼神;国内的人若好争夺侵凌,就向他们讲兼爱众人,反对战争。所以说须拣该国所急需的讲。"

子墨子出曹公子而于宋,三年而反。睹子墨子曰:"始吾游于子之门,短褐之衣,藿羹朝得之则夕弗得祭祀鬼神。而以夫子之政,家厚于始也;有家厚,谨祭祀鬼神。然而人徒多死,六畜不蕃,身湛于病。吾未知夫子之道之可用也。"

墨子荐曹公子到宋国做官,过了三年后回来。曹公子看见墨子,说道:"当初我在夫子这里求学时,穿着短的粗布衣服,虽是野菜的饭,尚且早晨吃了一顿后,晚上得不到第二顿,所以不能够去祭祀鬼神。现在因为夫子的缘故,家内较从前富足了,因为家道小康,所以小心地去祭祀鬼神。然而人口多死亡,六畜都不繁殖,自己又身染疾病。我不知道先生的道术有什么用处。"

子墨子曰:"不然!夫鬼神之所欲于人者多,欲人之处高爵禄则以让贤也,多财则以分贫也。夫鬼神岂唯攫黍拑肺之为欲哉?今子处高爵禄而不以让贤,一不祥也;多财而不以分贫,二不祥也。今子事鬼神,唯祭而已矣,而曰:'病何自至哉?'是犹百门而闭一门焉,曰:'盗何从入?'若是而求福于有怪之鬼,岂可哉?"

墨子说:"不对!鬼神希望人做的事甚多,鬼神想人官爵高了就让给贤人,钱财多了就分给穷人。鬼神哪里就要吃那点黍饭和祭肺,贪图少许饮食呢?现在你身处高位,享受爵禄,而不让给贤人,这是第一桩不吉祥的事;有很多的钱财,而不分给穷人,这是第二桩不祥之事。现在你奉事鬼神,不过祭祀而已,就说:'怎么会生病的?'这譬如房屋有一百扇门,你只关闭了其中的一扇门,便说:'盗贼怎么会进来?'这样去向有灵的鬼神求福,那怎么成呢?"

鲁祝以一豚祭,而求百福于鬼神。子墨子闻之曰:"是不可!今施人薄而望人厚,则人唯恐其有赐于己也。今以一豚祭,而求百福于鬼神,唯恐其以牛羊祀也。古者圣王事鬼神,祭而已矣。今以豚祭而求百福,则其富不如其贫也。"

鲁祝用一头小猪去祭祀,求鬼神降百福。墨子听见这事说道:"这样是不可以的!现在若给人家少许东西,便希望人家回报许多东西,那么人家以后就唯恐你再给他东西了。现在用一头小猪去祭祀,就要求鬼神降百福,那么以后鬼神就唯恐人再用牛羊去祭祀他了。古代的圣王奉事鬼神,但祭祀而已,并不去求福。现在用一头小猪祭祀,就要向鬼神求百福,那富足而可以祭祀鬼神,还不如贫穷而无力祭祀的好呢。"

彭轻生子曰:"往者可知,来者不可知。"子墨子曰:"籍设而亲在百里之外,则遇难焉,期以一日也,及之则生,不及则死。今有固车良马于此,又有奴马四隅之轮于此,使子择焉,子将何乘?"对曰:"乘良马固车,可以速至。"子墨子曰:"焉在矣来?"

彭轻对墨子说道:"过去的事可以知道,未来的事是不能够知道的。"墨子道:"假使你的父母在百里以外的地方,忽然遇到危难之事,在一天之内,你要赶到那里去救他们,他们就可以活,你若赶不到那里,他们就要死。现在此地有一辆坚固的车子和一匹好马,又有一匹坏马和多角轮盘的车子,任你选择,你要用哪一匹马和哪一辆车子呢?"彭轻道:"乘好马和坚固的车子,可以快些到。"墨子道:"这样看来,未来的事怎么不可以先知道呢?"

孟山誉王子闾曰:"昔白公之祸,执王子闾斧钺钩要,直兵当心,谓之曰:'为王则生,不为王则死。'王子闾曰:'何其侮我也!杀我亲而喜我以楚国,我得天下而不义,不为也,又况于楚国乎?'遂而不为。王子闾岂不仁哉?"

孟山夸赞王子闾道:"从前白公之乱时,叛徒挟持王子闾,拿斧钺钩住他的腰,刀剑抵住他的心,对他说:'你做楚王就让你活,不肯做楚王就要你死。'王子闾道:'怎么这样侮辱我!杀了我的亲人,再令我做楚王,若不合于义,虽拿天下给我,我都不要,何况楚国?'情愿被杀死,终不肯做。王子闾这人真仁义啊!"

子墨子曰:"难则难矣,然而未仁也。若以王为无道,则何故不受而治也?若以白公为不义,何故不受王,诛白公然而反王?故曰:难则难矣,然而未仁也。"

墨子道:"这事难是很难做的,但是也并不仁呀。倘若王子闾以为楚王无道,他为何不接王位,去治理楚国呢?他若以为白公不义,他为何不接受王位,然后诛讨白公,使楚王复位呢?所以说:这事难是很难做到的,但是究竟还不合乎仁义哩。"

子墨子使胜绰事项子牛。项子牛三侵鲁地,而胜绰三从。子墨子闻之,使高孙子请而退之曰:"我使绰也,将以济骄而正嬖也。今绰也禄厚而谲夫子,夫子三侵鲁,而绰三从,是鼓鞭于马靳也。翟闻之:'言义而弗行,是犯明也。'绰非弗之知也,禄胜义也。"

墨子命胜绰[1]去辅佐项子牛。项子牛三次去侵占鲁地，胜绰三次都跟随着他。墨子听见了，命高孙子[2]去斥退他，说："我之所以要派绰去，是要他矫正项子牛的骄矜邪僻。现在绰的俸禄既厚，遂欺诈夫子[3]，夫子三次侵占鲁地，而绰三次都跟随着他，这譬如马要前进时，你反去用鞭子抽它前胸的皮一样[4]。我听说：'嘴里说行义，而实际却不去做，就是明知故犯。'绰并不是不知道才这样做，是因利禄之心战胜了他的为义之心。"

昔者楚人与越人舟战于江。楚人顺流而进，迎流而退，见利而进，见不利则其退难；越人迎流而进，顺流而退，见利进，见不利则其退速。越人因此若埶，亟败楚人。

从前楚人和越人在长江里水战。楚人顺流而进，逆流而退，见有利前进时甚容易，见不利后退时极难；越人逆流而进，顺流而退，见有利前进时虽较难，见不利后退时却极容易。越人因为占了这种优势，所以连将楚击败。

---

[1] 原注：墨子的弟子。
[2] 原注：也是墨子的弟子。
[3] 原注：指项子牛。
[4] 原注：自己困扰自己的意思。

公输子自鲁南游楚,焉始为舟战之器,作为钩强之备:退者钩之,进者强之。量其钩强之长,而制为之兵。楚之兵节,越之兵不节,楚人因此若埶,亟败越人。

后来公输子由鲁国南行,到了楚国,乃替楚人制造战船上用的利器,做成钩子和铁钜:要退时用钩子钩,要进时用铁钜穿。量好钩子和铁钜的长度,制造船上用的兵器。楚人的兵器都有节度,越人用的兵器都是没有节度的,楚人因为占了这种优势,所以连将越人击败。

公输子善其巧,以语子墨子曰:"我舟战有钩强,不知子之义,亦有钩强乎?"子墨子曰:"我义之钩强,贤于子舟战之钩强。我钩强,我钩之以爱,揣之以恭。弗钩以爱,则不亲;弗揣以恭,则速狎。狎而不亲,则速离。故交相爱,交相恭,犹若相利也。今子钩而止人,人亦钩而止子;子强而距人,人亦强而距子。交相钩,交相强,犹若相害也。故我义之钩强,贤子舟战之钩强。"

公输子以为自己巧妙极了,对墨子说道:"我用兵船水战,有钩子和铁钜,不知道你行义也有钩子和铁钜吗?"墨子说:"我行义用的钩子和铁钜,比你水战战船上用的钩子和铁钜好。我的钩子和铁钜是这样的:我用仁爱去钩住人,用恭敬去应付人。不用仁爱去钩住,人家就不和你亲近;不用恭敬去应付,就轻慢得快。既轻慢无礼,不相亲近,就容易分离。所以互相亲爱,互相敬重,使双方都能受到利益。现在你用钩子钩人,人家也会用钩子钩你,使你不能后退;你用铁钜去抵拒人,人家也用铁钜来抵拒你。互相用钩子钩,用铁钜抵,互相贼害。所以我行义用的钩子和铁钜,比你水战战船上用的钩子和铁钜好。"

公输子削竹木以为鹊,成而飞之,三日不下,公输子自以为至巧。子墨子谓公输子曰:"子之为鹊也,不如翟之为车辖。须臾刘三寸之木,而任五十石之重。故所为功,利于人,谓之巧;不利于人,谓之拙。"

公输子削竹子和木头,制成一只木鹊,造成后放上天去飞,三天都不降落下来。公输子自己以为再巧妙也不过如此了。墨子对公输子说道:"你制造的木鹊,尚不如我造的车辖[1]巧。造车辖时,只需片刻的工夫,就可以砍成三寸的木头,可以用来载五十石重量的货物。所以要论到东西的功用,有利于人的,就谓之巧;不利于人的,就谓之拙。"

公输子谓子墨子曰:"吾未得见之时,我欲得宋;自我得见之后,予我宋而不义,我不为。"子墨子曰:"翟之未得见之时也,子欲得宋;自翟得见子之后,予子宋而不义,子弗为。是我予子宋也。子务为义,翟又将与子天下。"

公输子对墨子说道:"不曾见到你时,我颇想得到宋国;但是自从见过你后,若不合乎义,虽将宋国送给我,我都不要。"墨子道:"我不曾见到你时,你想得到宋国;自从我得见你后,若不合乎义,虽将宋国给你,你都不肯要。这不是等于我将宋国送给你了吗?你努力去行义,我还要将天下赠给你呢。"

---

[1] 原注:"辖"是车轮轴两端的闩子。

公 输

公输盘为楚造云梯之械成,将以攻宋。子墨子闻之,起于齐[1],行十日十夜而至于郢,见公输盘。公输盘曰:"夫子何命焉为?"子墨子曰:"北方有侮臣,愿借子杀之。"公输盘不说。子墨子曰:"请献十金。"公输盘曰:"吾义固不杀人。"

公输盘[2]替楚国制造云梯等攻城的器械,预备去攻打宋国。墨子听见了这个消息后,从鲁国起程赶去,日夜行走不停,走了十天十夜,赶到楚国的都城郢,去见公输盘。公输盘说:"夫子有何事见教呢?"墨子说:"北方有一个人傲慢无礼,我想借你的力量去杀掉他。"公输盘听了不高兴。墨子说:"让我送你十金,以为酬报。"公输盘说:"我秉义而行,不能妄杀人。"

子墨子起再拜曰:"请说之。吾从北方闻子

---

[1] 原注:《吕氏春秋》云自鲁往是。
[2] 原注:即公输般。

为梯,将以攻宋。宋何罪之有?荆国有余于地,而不足于民,杀所不足,而争所有余,不可谓智;宋无罪而攻之,不可谓仁;知而不争,不可谓忠;争而不得,不可谓强;义不杀少而杀众,不可谓知类。"公输盘服。子墨子曰:"然乎,不已乎?"公输盘曰:"不可。吾既已言之王矣。"子墨子曰:"胡不见我于王?"公输盘曰:"诺。"

　　墨子听了这话,乃起来向公输盘再拜道:"请听我说。我在北方听见你在造云梯,预备去攻打宋国。宋国有什么罪过?楚国的土地有余,人民不足,现在出兵攻战,杀了所不足的人,去争有多余的土地,这不能算得是聪明;宋国没有罪过,而你去攻打它,这不能算得仁爱;你知道这事不对,又不向楚王谏诤,这不能算得忠心;若谏诤后而楚王不听,就不能算得刚强;秉义而行,不肯杀少数的人,现在反要去杀多数的人,这就是不知轻重。"公输盘为墨子的话所折服。墨子道:"既然如此,你何不停止攻打宋国呢?"公输盘说:"不行。我已经对楚王说过了。"墨子道:"何不引我去见楚王呢?"公输盘答应道:"是。"

　　子墨子见王,曰:"今有人于此,舍其文轩,邻有敝舆，而欲窃之；舍其锦绣，邻有短褐，而欲窃之；舍其粱肉，邻有糠糟，而欲窃之。此为何若人？"王曰："必为窃疾矣。"

墨子去见楚王，说道："现在假使此地有一个人，不要他自己的画有文采的车子，邻人有辆破车子，他反要去偷；不要他自己的锦绣的衣服，邻人有件粗布的短袄，他反要去偷；不要他自己的米和肉，邻人有酒滓和粗米屑，他反要去偷。这是何等样的人呢？"楚王说："这人必定有偷东西的毛病了。"

子墨子曰："荆之地方五千里，宋之地方五百里，此犹文轩之与敝舆也；荆有云梦，犀兕麋鹿满之，江汉之鱼鳖鼋鼍为天下富，宋所为无雉兔狐狸者也，此犹粱肉之与糠糟也；荆有长松文梓，楩楠豫章，宋无长木，此犹锦绣之与短褐也。臣以三事之攻宋也，为与此同类。臣见大王之必伤义而不得。"王曰："善哉！虽然，公输盘为我为云梯，必取宋。"

墨子说："楚国的地方五千里，宋国的地方只有五百里，二者相较，就和画有文采的车子之于破旧的车子一样；楚国有云梦之泽，内里充满了犀牛、野牛和麋鹿，长江汉水出产鱼鳖鼋鼍，是天下最丰富的，宋国却是没有野鸡、兔子和鲫鱼的地方，二者相较，就和米、肉之于酒滓、米屑一样；楚国有长松、文梓、楩楠豫章等树，宋国没有一样好树木，二者相较，又和锦绣的衣服之于粗布的短袄一样了。这样看来，大王派人去攻打宋国，不是和我所说的这人一样吗？臣以为大王必定要有伤于义，结果是得不到好处的。"楚王说："这话真对！但是公输盘已经在替我造云梯，必定可以取宋国。"

于是见公输盘。子墨子解带为城，以牒[1]为械。公输盘九设攻城之机变，子墨子九距之。公输盘之攻械尽，子墨子之守圉有余。公输盘诎而曰："吾知所以距子矣，吾不言。"子墨子亦曰："吾知子之所以距我，吾不言。"

于是墨子去见公输盘。墨子将衣带解下来当作城墙，取些小木札当守城的器械。公输盘九次设攻城的机变，墨子九次设法抵御。公输盘的攻城的器械已经用尽，墨子防守的方

---

[1] 原注：旧作"牒"，以意改之。

法仍旧有余。公输盘为之屈服,他说:"我知道怎样抵御你了,我不讲出来。"墨子也说:"我知道你怎样抵御我了,我也不讲出来。"

楚王问其故。子墨子曰:"公输子之意,不过欲杀臣。杀臣,宋莫能守,可攻也。然臣之弟子,禽滑厘等三百人,已持臣守圉之器,在宋城上而待楚寇矣。虽杀臣,不能绝也。"楚王曰:"善哉!吾请无攻宋矣。"

楚王问这是什么缘故。墨子道:"公输子的意思不过要把臣杀掉。他以为把臣杀死后,宋国无人守御,楚人就可以进攻了。但是臣的弟子禽滑厘等三百人已经预先经臣教好,现在已经用臣的守御的器械在宋国的城上守候楚兵了。虽把臣杀了,也不能禁绝他们。"楚王说:"这话甚是!我们不要再去攻打宋国了。"

子墨子归,过宋,天雨,庇其闾中,守闾者不内也。故曰:"治于神者,众人不知其功;争于明者,众人知之。"

墨子既劝止了楚王,救了宋国,乃起程回鲁国,经过宋国时,适逢天下雨,墨子乃往一个里门内去避雨,守里门的人以为他是楚国的间谍,不许他进去。所以说:"做事神秘莫测的,众人都不知道他的功劳;至于在明处争执的,有一点功劳,众人都知道。"

备城门

禽滑厘问于子墨子曰:"由圣人之言,凤鸟之不出,诸侯畔殷周之国,甲兵方起于天下,大攻小,强执弱,吾欲守小国,为之奈何?"子墨子曰:"何攻之守?"禽滑厘对曰:"今之世常以所攻者:临、钩、冲、梯、堙、水、穴、突、空洞、蚁附、轒辒、轩车。敢问守此十二者奈何?"

禽滑厘问墨子道:"由圣人之言,凤鸟不出现[1],诸侯都独霸一方,背叛了周天子,四方刀兵纷起,大国攻打小国,强国胁迫弱国,我要保守小国,怎样守法呢?"墨子问道:"你指防守哪一种攻击呢?"禽滑厘说:"当今所常用的攻城的方法不外乎:积土附城,居高临下以攻城;用钩梯钩上城;用冲城车冲城;用云梯登城;凿垒道;用水攻;掘地陷城;洞穿城墙;用空洞之法;令兵士像蚂蚁一样缘城而上;用轒辒车;用轩车。请问对于这十二种攻击,怎样防守呢?"

---

[1] 原注:《论语》上孔子曾说:"凤鸟不至,河不出图,吾已矣夫!"就是叹息乱世没有圣王来用贤人,祥瑞也不再出现的意思。

子墨子曰:"我城池修,守器具,推粟足,上下相亲,又得四邻诸侯之救,此所以持也。且守者虽善,则犹若不可以守也。若君用之守者,又必能乎?守者不能,而君用之,则犹若不可以守也。然则守者必善,而君尊用之,然后可以守也。"

墨子道:"我先要令城池坚固,守城的器械完备,柴米都充足,上下相亲,又有四邻的诸侯援助,然后方可以守御。并且守城的将领虽好,若国君不用他,城仍是守不住的。国君所用的守城的将领必定要有本领,守将若没有本领,而国君用了他,城也是保守不住的。所以必须守将有本领,而又得国君信用,然后才能够守御。"

故凡守城之法,备城门为县门,沉机长二丈,广八尺,为之两相如。门扇数令相接三寸,施土,扇上,无过二寸。堑中深丈五,广比扇,堑长以力为度,堑之末为之县,可容一人所。客至,诸门户皆令凿而幕[1]孔。孔之各为二幕,二一凿而系绳,长四尺。

凡是守城的方法,城门内须设一可以升降的悬门,沉机须

---

[1] 原注:旧作"慕",据下文改。

二丈长,八尺阔,左右两扇的尺寸都是一样。两扇门互相衔接,衔接处估三寸宽,门扇上涂泥土,泥土不过二寸厚。坑堑深一丈五尺,阔和门扇一样,长以方度为比,坑堑的尽处就是悬门,旁边的空处可容一人。敌兵到时,所有的门户都关起来,门上凿成洞穴,用幕遮掩住,从洞里可以用弩箭射敌人。每扇门上凿两个孔,用幕遮好,有一扇门上更用一根四尺长的绳子系住,以备将门拉紧。[1]

救车火,为烟矢射火城门上,凿扇上为栈,涂之,持水麻斗、革盆救之。门扇薄植,皆凿半尺,一寸一涿弋,弋长二尺见一寸,相去七寸,厚涂之以备火。城门上所凿以救门火者,各一垂水,火三石以上,小大相杂。

敌人若用火来烧城门,用火箭射城门时,可在门扇上造好棚,上面涂好泥土,用水麻斗和革盆装水灌救。门扇壁柱以及门户的枢纽上,都钉上半尺的铁钉,隔一寸钉一个,每个钉子二寸长[2],每行相隔七寸,上面厚涂泥土,以防火攻。城门上

---

[1] 原注:以上讲悬门和凿门。
[2] 编者按:此处与上文"半尺的铁钉"似相矛盾,或可理解为"每个钉子露出二寸长"。

预备救火,各用一罋水,每罋可以装三石多水,小的水罋和大的水罋都放在一起。[1]

门植关必环锢,以锢金若铁鍱之。门关再重,鍱之以铁,必坚。梳关,关二尺,梳关一覧,封以守印,时令人行貌封,及视关入桓浅深。门者皆无得挟斧、斤、凿、锯、椎。

门户的枢纽必须锁牢,用铜铁皮包好。门关上必须包双层,铁皮要坚固。用二尺长的木锁,木锁之外,更加一把铁锁,用守印封好,时刻令人去察看,又看门上的横木插入两旁直木的深浅是否合度。守门的人不许带刀斧椎凿和锯子,以防变乱。[2]

城上二步一渠,渠立程丈三尺,冠长十丈,辟长六尺。二步一荅,广九尺,袤十二尺。二步置连梃,长斧长椎各一物,枪二十枚,周置二步中。

城上两步设一渠[3],渠的直立的柄长一丈三尺,上面的顶

---

[1] 原注:以上讲救火的方法。
[2] 原注:以上论城门关锁的方法。
[3] 原注:一种守城的器械。

长十丈,两面横出的木长六尺。两步设一铁蒺藜,每个九尺宽,十二尺阔。二步设一连梃,长斧、长椎各一柄,枪二十枝,齐放在二步之内。[1]

二步一木弩,必射五十步以上。及多为矢,节毋以竹箭,楛赵挓榆可。盖求齐铁夫,播以射衙[2]及椓枞。

两步设一木弩,木弩必须能射至五十步以外的地方。多预备些箭,若没有竹箭,也可以用楛木、桃木、柘木或榆木制箭。更用好铁制箭镞,分给众人去射攻城的敌兵,椓枞[3]也分给他们。[4]

二步积石,石重千钧以上者,五百枚,毋百以亢,疾犁、壁皆可善方[5]。二步积苙[6],大一围,长丈,二十枚。五步一罂,盛水,有奚,奚蠡大容

---

[1] 原注:以上论铁蒺藜等守城的器械安设的方法。
[2] 原注:疑"冲"字,文未详。
[3] 原注:一种守城的器械。
[4] 原注:以上论木弩的用法。
[5] 编者按:此句缺译解,联系上下文似可补"若没有石头可以用来抵抗,也可以用蒺藜、砖瓦"。
[6] 原注:旧作"苙"。

一斗。五步积狗尸五百枚,狗尸长三尺,丧以弟,瓮其端,坚约弋。十步积樽,大二围以上,长八尺者二十枚。二十五步一灶,灶有铁鐕,容石以上者一,戒以为汤。及持沙,毋下千石。[1]

两步堆一堆石头,三千斤重以上的石头,要有五百块,以抵抗铁蒺藜。两步设一大火炬,九寸来粗,一丈长的,要有二十个。五步设一罂,盛好了水,里面放一只瓢,每只瓢可以容一斗水。五步积狗尸[2]五百具,狗尸三尺长,上面盖好了茅草,两头使之尖锐,用钉子钉牢。十步积一堆滚木,二围粗以上,八尺长的,要有二十根。二十五步设一灶,每个灶设大铁锅一只,须有一石的容量,烧沸汤浇敌人。[3]

三十步置坐候楼,楼出于堞四尺,广三尺,广四尺,板周三面密傅之,夏盖其上。五十步一藉车,藉车必为铁纂。[4]五十步一井屏,周垣之高八

---

[1] 编者按:此句缺译解,联系上下文似可补:"还要储备沙石,不下一千石。"
[2] 原注:狗尸也是一种守城的器械,并不是死狗。
[3] 原注:以上论滚木擂石与抟灶之法。
[4] 编者按:此句缺译解,联系上下文似可补:"五十步设一藉车,藉车必用铁做车轴。"

尺。五十步一方,方尚必为关籥守之。

三十步设一座候楼,楼高出城墙垛子四尺,三尺宽,四尺长,三面的板子上面都密涂泥土,夏天上面设一棚帐,以避日光。五十步设一屏厕,四周的围墙要有八尺高。五十步设一休息所,要有锁钥。

五十步积薪,毋下三百石,善蒙涂,毋令外火能伤也。百步一桄枞,起地高五丈,三层,下广前面八尺,后十三尺,其上称议衰杀之。百步一木楼,楼广前面九尺,高七尺,楼轫居垎,出城十二尺。

五十步积一堆柴,至少要有三百石,上面涂以泥土,以避火攻。百步设一桄枞,起于地面,高有五丈,共分三层,下端的前面八尺宽,后面一丈三尺宽,上面依此比例渐渐减小。百步立一木楼,楼的前面有九尺阔,七尺高,楼上的烟突靠紧着一边,高出城墙垛十二尺。

百步一井,井十瓮,以木为系连,水器容四斗到六斗者百。百步一积杂秆,大二围以上者五十枚。百步为橹,橹广四尺,高八尺,为冲术。百步为幽膭,广三尺高四尺者千。

百步有一井,每口井有十只瓮,用木头做系连,引瓮汲水,可盛四斗至六斗水的盆和桶要有一百只。百步积一堆杂秆,二围以上粗的要有五十捆。每隔一百步,既设一木盾牌,要有四尺阔,八尺高,以防敌人由隧道进攻。百步凿一水沟,三尺宽、四尺深的,要有上千条。

二百步一大[1]楼,城中广二丈五尺二,长二丈,出枢五尺。城上广三步到四步,乃可以为使斗。俾倪广三尺,高二尺五寸。陛高二尺五,广长各三尺,远广各六尺。城上四隅童异,高五尺,四尉舍焉。

二百步立一大楼,二丈五尺二宽,二丈长,高出城墙垛五尺。城墙上面必须要有三步到四步阔,方才可以令守兵行动自如,可以安放守城的器用。城墙垛子要有三尺阔,二尺五寸高。阶陛要有二尺五寸高,三尺宽,三尺长,路有六尺阔。城上的四角都有重楼,各高五尺,四位司察官住在里面。[2]

---

[1] 原注:"大"旧作"立",据《太平御览》改。
[2] 原注:以上论候楼、栊枞、水沟、大楼等安设的方法。

城上七尺一渠，长丈五，狸三尺，去堞五寸。夫长丈二尺，臂长六尺半，植一凿内，后长五寸。夫两凿，渠夫前端下堞四寸而适。狸渠，凿坎，覆以瓦，冬日以马夫塞，皆待命，若以瓦为坎。

城上每隔七尺设一渠，渠长一丈五尺，埋入土中三尺，离堞口五寸。下面的架子一丈二尺长，上面的横木六尺半长，木橛内里直径须有五寸长。横木上钉两个木橛，渠下面的架子的前端和堞口正相对，而低下四寸。凿渠和坎，上面覆以瓦片，预备作为冬天休息之所，马屎若塞起来，扫除须待命令而行，用瓦做坎也可以。

城上千步一表，长丈弃水者，操表摇之。五十步一厕，与下同圂。之厕者不得操。城上三十步一藉车，当队者不用[1]。城上五十步一道陛，高二尺五寸，长十步。城上五十步一楼㧙，㧙勇勇，必重。土楼百步一，外门发楼，左右渠之。为

---

[1] 编者按：此句缺译解，联系上下文似可补"当攻打隧道时不按此数"。

楼加藉幕，栈上出之以救外[1]。城上皆毋得有室，若他[2]可依匿者，尽除去之。

城上每千步立一表，有一丈长，倒水时将表摇动。五十步设一厕所，城下也有一厕所。上厕所的人不许带兵器。城上三十步设一藉车。五十步有一阶陛，二尺五寸高，十步长。城上五十步有一高楼，楼必须重垒相叠。一百步有一土楼，外面的门可升降，左右并凿深堑。楼上加幕遮掩，城上不许有空室令人藏匿，都须除去。

城下州道内百步一积藉，毋下三千石以上，善涂之。城上十人一什长，属一吏士、一帛尉。百步一亭，高垣丈四丈，厚四尺，为闺门两扇，令各可以自闭。亭一尉，尉必取有序忠信可任事者。

城下周围的道路上，每百步积一堆柴，总在三千石以上，上面都涂好泥土，以防火攻。城上的守兵，十人中有一什长，

---

[1] 编者按：此句缺译解，联系上下文似可补"有栈道出城以救外"。
[2] 原注：旧作"也"，以意改。

属于一个吏士、一个伯尉。百步筑一亭,亭四周的墙高一丈四尺,厚四尺,墙上有闺门两扇,都可以自动关闭。每个亭有一亭尉管理,这亭尉必须选忠厚诚信、可以任事的人去做。[1]

二舍共一井爨,灰、康、秕、杯、马矢,皆谨收藏之。城上之备,渠谵、藉车、行栈、行楼、到、颉皋、连梃、长斧、长椎、长兹、距、飞冲、县上、批屈。楼五十步一,堞下为爵穴[2],三尺而一为薪皋,二围,长四尺半,必有洁[3]。瓦石重二升以上,上城上。沙,五十步一积。灶置铁镏焉,与沙同处。

两家共一井灶,灶里的灰、糠、秕、麦皮以及马粪,都收藏好。城上守备的器械如:御箭的盾牌藉幕、藉车、行栈、木楼、斫子、引水的颉皋、连梃、长斧、长椎、长镰、铁钩钜、冲城的车子、悬梁、批屈。城楼五十步就有一座,垛口间有孔穴,每三尺有一颉皋,二围粗,四尺半长,上面装有挈引。瓦石重量在二斤以上,堆在城上。每五十步,就积有沙土。灶内置有铁锅,和沙土放在一处。

---

[1] 原注:以上论设渠表藉车,置什长亭尉的方法。
[2] 原注:城堞间的小空隙。
[3] 原注:当为"挈"。

木大二围,长丈二尺以上,善耿其本,名曰长从,五十步三十。木桥长三丈,毋下五十。后使卒急为垒壁,以盖瓦后之。用瓦木罋,容十升以上者,五十步而十,盛水且用之,五十二者,十步而二。

二围大、一丈二尺长以上的木头,把它们连在一起,就叫作枞枞,每五十步有三十个。木桥长三丈,不下五十座。更令兵士急筑壁垒,上面盖好了瓦。用瓦木做的水罋,可容十升以上的,每五十步有十只,用来盛水且供别的用处,可容五十二升的,每十步有两只。

城四面四隅,皆为高磨㮇,使重室子居其上候适,视其能状与其进左右所移处,失候斩。适人为穴而来,我亟使穴师选本,迎而穴之,为之且内弩以应之。民室杵木瓦石,可以盖城之备者,尽上之,不从令者斩。

城上的四隅都立有高楼,令贵家的子弟待在里面,守望敌人,视察他们的动态,看他们前进后退、左右移动之处,有误者斩。敌人若掘地穴进攻,我们可急派善掘地洞的兵去迎敌,带着弩箭,预备射敌兵。居民家内若有杵头木材、瓦片和石块,都运上城去做防守的器械,不从令者斩。

昔筑,七尺一居属,五步一垒。五筑有锑、长斧,柄长八尺。十步一长镰,柄长八尺。十步一斗,长椎,柄长六尺,头长尺,斧其两端,三步一。

各人都有一根筑土的杵头,以备筑城之用。每隔七尺的地方就有一把锯子、一柄曲斧,五步就有一只盛土的筐子。五把杵头内有一柄铲子、一把长斧头,柄长八尺。十步有一长柄的刈草刀,柄长八尺。十步有一把劈刀,三步有一把长椎,柄长六尺,头长一尺,两端是尖的。[1]

凡守围城之法,厚以高,壕池深以广,楼撕揗,守备缮利,薪食足以支三月以上,人众以选,吏民和,大臣有功劳于上者,多主信以义,万民乐之无穷。不然父母坟墓在焉,不然山林草泽之饶足利,不然地形之难攻而易守也,不然则有深怨

---

[1] 原注:以上论颉皋、瓦石、水罋、杵头等的用法。

于适而有大功于上,不然则赏明可信,而罚严足畏也。

　　凡防守围城之法,要使城墙高厚,壕沟深阔,城楼和防守的器械都坚固完备,柴米足以支持三月以上,人众都经过训练甄别,吏民上下和谐,大臣必须曾替主上立过大功劳,对于主上肯尽忠心,人民都乐于替主上服役。或者因为父母的坟墓在本国内,或者因为国内山林川泽的富饶,或者因为地势险要、难攻易守,或者因为人民深恨敌人,同时对于主上有大功,或者因为赏罚严明可信,人民都畏服。[1]

　　城下里中家人,各葆其左右前后,如城上。城小人众,葆离乡老弱国中及他大城。寇至,度必攻,主人先削城编,唯勿烧。寇在城下,时换吏卒署,而毋换其养,养毋得上城。寇在城下,收诸盆瓮耕,积之城下,百步一积,积五百。

　　城下里巷中的居民,各自保护自己的家的前后四周,也和在城上一样。城小人多,就应当遣四乡老弱的人民到国中及

---

[1] 原注:以上论守城所必具的条件。

其他的大城内,各自保守。敌兵来时,知道他们一定要进攻附城的居室的,自己可先将它们拆去,但是不可以放火烧。敌兵在城下时,吏卒须时常调动,但是各处的仆役可不能调动,仆役们不得上城。敌兵在城下时,须收集盆和罐子,聚在城下,每百步一堆,每堆五百个。

城门内不得有室,为周宫植吏,四尺为倪。行栈内闭,二关一堞。[1]除城场外,去池百步,墙桓树木,小大尽坏伐除去之。寇所从来,若眤道、徯近若城场,皆为扈楼,立竹箭水中。守堂下为大楼,高临城。堂下周散道中应客,客待见时,召三老在葆宫中者,与计事得。

城门内不得有房屋,但造一周宫[2],令一吏人看守,四尺一个垛口。城下的周道须扫除清净,离城池百步之地,所有的墙壁、树木,不论大小,全部除去。敌兵所走的小路、近路和城下的周道,立一层楼,墙外的水中安好竹箭。堂下造一大楼,高与城头相等。在堂下道中接客,要见客时,须召三老和重要的吏人会议。

---

[1] 编者按:此句缺译解,联系上下文似可补:"行栈内部关闭,每二关一城堞。"
[2] 原注:四周但有回廊、没有房子的建筑物。

守法,五十步丈夫十人,丁女二十人,老小十人,计之五十步四十人。城下楼卒,率一步一人,二十步二十人。城小大以此率之,乃足以守围。

守城之法,每五十步内有男子十人、女子二十人、老幼十人,总计五十步内即有四十人。城下守楼的兵大约每步一人,二十步二十人。按城大小以此例类推,方足以守御。

客冯面而蛾傅之,主人则先之知,主人利,客适。客攻以遂,十万物之众,攻无过四队者,上术广五百步,中术三百步,下术五十步。诸不尽百五十步者,主人利而客病。广五百步之队,丈夫千人,丁女子二千人,老小千人,凡四千人而足以应之。此守术之数也。

敌兵若要攀缘着四面登城,守兵若先知道了,就有利于守军,不利于敌军。敌军若用隧道进攻,以十万兵计,大约用四条隧道,上等的隧道广五百步,中等的隧道三百步,下等的隧道五十步。凡是不到一百五十步的,都有利于守军,不利于敌军。应付广五百步的隧道的攻击,须用男子一千人、女子两千人、老幼一千人，总共四千人。守城的方法大略如此。

使老小不事者，守于城上，不当术者。城持出必为明填，令吏民皆智知之。从一人百人以上，持出不操填章，从人非其故人，乃其积章也，千人之将以上止之，勿令得行，行及吏卒从之，皆斩，具以闻于上，此守城之重禁之。夫奸之所生也，不可不审也。

令老幼无事的都在城上助守，不去抵挡隧道的攻袭。守城的将领不可随意外出，外出时须令吏民周知。统率十人到百人以上的将领，外出时若不操旗章，或是随从的人不是他所属的吏，虽操旗章但不是当有的形式，统率千人以上的大将看见了就可以止住他们，不许他们走，把他们全杀了，然后报告给上级的军官，这是守城最要紧的事。对于奸人叛变之发生，是不可以不小心的。

城上为爵穴，下垩三尺，广其外，五步一。爵穴大容苴，高者六尺，下者三尺，疏数自适为之。塞外堑，去格七尺，为县梁。城埏陕不可堑者，勿堑。城上三十步一聋灶。人擅苣，长五节。寇在城下,闻鼓音,燔苣,复鼓,内苣爵穴中,照外。

城上造好爵穴,下面三尺宽,外面阔里面狭,五步一个。爵穴其大可容一火炬,高的六尺,低的三尺,疏密的程度视敌人的多少而定。穿城外为坑堑,离坑七尺,造一桥梁。城若狭隘不可挖坑堑,就不要挖坑堑。城上三十步建一垄灶。每人执一火炬,长五尺。敌兵来到城下时,闻听鼓音,即将火炬点着,听见第二道鼓声时,就将火炬放入爵穴内,照外面。

诸藉车皆铁什。藉车之柱长丈七尺,其狸者四尺,夫长三丈以上至三丈五尺,马颊长二尺八寸,试藉车之力而为之困,失四分之三在上。藉车,夫长三尺[1],四二三在上。马颊在三分中,马颊长二尺八寸,夫长二十四尺,以下不用。治困以大车轮。藉车桓长丈二尺半。诸藉车皆铁什,复车者在之。

所有的藉车都用铁皮包住。藉车的柱子长一丈七尺,埋入土中四尺,下面的架子由三丈至三丈五尺长,马颊二尺八

---

[1] 编者按:应为"三丈"。

寸,视藉车的力量而制门梱,架子四分之三在上面。藉车的座子长三丈,四分之三在上面。横出来的马颊在地面以上三分内,马颊须长二尺八寸,架子长二十四尺以下的都不可用。用大车轮制门梱。藉车的柱子长一丈二尺半。所有的藉车都用铁皮包住,后面的车子辅佐前面的车子。

寇冲[1]池来,为作水甬,深四尺,坚幕狸之,十尺一,覆以瓦而待令。以木大围长二尺四分,而早凿之,置炭火其中而合幕之,而以藉车投之。为疾犁投,长二尺五寸,大二围以上。涿弋,弋长七寸,弋间六寸[2],剡其末。狗走,广七寸,长尺八寸,蚤长四寸,犬牙施之。

敌兵若来猛扑城池,可制漏水的器具,四尺深,遮掩周密埋入土中,每隔十尺一个,盖以瓦片,制好后待号令施用。用二尺四寸的粗木头,将当中凿空,里面放些炭火,外面再用东西包好,然后以藉车投掷之。造铁蒺藜,长二尺五寸,大在二围以上。木头的橛长七寸,两端削尖。狗走[3]阔七寸,长一尺

---

[1] 原注:或为"阓"字,城池。
[2] 编者按:此句缺译解,联系上下文似可补"橛间距为六寸"。
[3] 原注:也是一种守城的器械,与狗尸相似。

八寸,狗走下面的爪长四寸,像犬牙之互相交错。

子墨子曰:"守城之法,必数城中之木。十人之所举为十挈,五人之所举为五挈,凡轻重以挈为人数[1]。为薪樵挈,壮者有挈,弱者有挈,皆称其任。凡挈轻重所为,吏人各得其任。[2]城中无食,则为大杀。去城门五步大堑之,高地三丈,下地至施贼其中,上为发梁,而机巧之,比传薪土,使可道行。旁有沟垒,毋可逾越,而出佻且比,适人遂入,引机发梁,适人可禽。适人恐惧而有疑心,因而离。"

墨子说:"守城的方法,必须先数城中的木料。十人举得起的做一记号记下来,五人举得起的也做一记号记下来,到了要采樵时,壮者与弱者,都视各自的力量去采樵,没有过劳与偷懒之弊。城中若粮食告乏,就命大家减食,各自节省。离城门五步掘一大坑堑,高处离地三丈,低处直至地下有泉水的地

---

[1] 编者按:此句缺译解,联系上下文似可补"轻重以举起的人数为计"。
[2] 编者按:此句缺译解,联系上下文似可补:"总之轻与重要使每个人各自能胜任。"

方,上面铺盖着棚,架着桥梁,设好了机关,上面用柴和土掩好,像条路一样。旁边有沟垒,不可通行,然后出去向敌人挑战,敌人进兵追逐,误触桥梁上的机关下坠,就可以被擒住。敌人心中恐惧,疑惑不定,自然要逃散了。"